‖ 인문교양총서 42

마당극 길라잡이

•

김재석

저자 **김재석**

경북대학교 인문대학 국어국문학과 교수.

필자는 한국 근대극의 형성과 전개 과정을 집중적으로 연구해왔다. 현재 우리 극의 특징을 바르게 이해하고, 또 세계의 극 속에서 우리 극의 가치를 제대로 자리매김하기 위해서는 근대극이 정착될 무렵에 생성된 특징을 제대로 아는 것이 중요하다고 판단했기 때문이다. 마당극에 대한 관심도 그 연장선상에 있다. 근대극의 형성기에서부터 한국의 극담당자들이 그려왔던 이상적 근대극의 실체가 마당극이라 여기고 있으며, 우리가 행하고 있는 극 중에서 세계에 내어놓을 만한 가장 한국적인 극이 마당극이라 생각하고 있다. 마당극 이론을 체계화하고, 마당극다운 마당극을 만들어 세계를 향해 내어놓는 것을 마쳐야 할 숙제로 삼고 있다.

주요 저서로는 『일제강점기 사회극 연구』, 『근대전환기 한국의 극』, 『한국 현대극의 이론』, 『함세덕, 그가 걸었던 길』, 『식민지조선 근대극의 형성』 등이 있다.

경북대 인문교양총서 ㊷
마당극 길라잡이

초판인쇄	2020년 6월 12일
초판발행	2020년 6월 19일
지은이	김재석
기 획	경북대학교 인문대학
펴낸이	이대현
편 집	이태곤 권분옥 문선희 백초혜
디자인	안혜진 최선주 김주화
마케팅	박태훈 안현진
펴낸곳	도서출판 역락
주 소	서울시 서초구 동광로 46길 6-6 문창빌딩 2층
전 화	02-3409-2060(편집), 2058(마케팅)
팩 스	02-3409-2059
등 록	1999년 4월 19일 제303-2002-000014호
전자우편	youkrack@hanmail.net
홈페이지	www.youkrackbooks.com

ISBN   979-11-6244-534-1 04680
        978-89-5556-896-7 (세트)

* 책값은 뒤표지에 있습니다.
* 파본은 구입처에서 교환해 드립니다.

* 이 도서의 국립중앙도서관 출판예정도서목록(CIP)은 서지정보유통지원시스템 홈페이지(http://seoji.nl.go.kr)와 국가자료종합목록 구축시스템(http://kolis-net.nl.go.kr)에서 이용하실 수 있습니다. (CIP제어번호: CIP2020023327)

인문교양총서 042

마당극 길라잡이

김재석 지음

역락

마중물을 부으며

『마당극 길라잡이』는 한국의 마당극에 관심이 있는 모든 이를 위한 책이다. 마당극에 대해 궁금한 점이 많은, 또는 마당극을 좀 더 깊이 이해하고자 하는 이들과 공유하고 싶은 내용을 이 책에 가려 담았다. 이 책의 각 장은 전체의 부분을 이루면서도 어느 정도 독립성을 가질 수 있도록 서술되었다. 마당극에 대해 확인하고 싶은 바가 있으면 이 책의 해당 부분을 바로 찾아 읽을 수 있기를 바랐기 때문이다. 이를 위해 동일 작품이 별도의 장에 거듭 인용되는 경우 다시 그 내용을 간략히 소개해 두었다.

『마당극 길라잡이』의 각 장은 연극으로서 마당극이 가진 보편성과 특수성을 잘 보여줄 수 있는 기본 항목들이다. 마당극이 연극이라는 당연한 사실을 여기서 새삼 강조한 이유는 우리 사회에 자리하고 있는 마당극에 대한 편견을 넘어서기 위함이다. 머리띠 묶은 배우들이 꽹과리 치고 북 두드리며 투쟁가를 소리 높여 부르는 극이라는 식의 선입견은 마당극을 흔들어 정체성을 혼란스럽게 만든다. 이 책을 통하여 우리가 연극이라 생각하고 있는 그 범주 내에 마당극이 자리하고 있다는 사실을 확인하게 될 것이다.

공연 예술의 측면에서 보면 극작품은 연극의 일부분에 불과하다. 그렇지만 극양식의 특징을 정확히 이해하려면 극작품을 중심에 두고 접근하는 것이 이상적이다. 대본이 먼저 있고 공연이 이루어지든, 아니면 그 반대이든 간에 극작품은 해당 공연에 대한 정보를 가장 많이 담고 있는 실체이기 때문이다. 마당극에 대한 접근도 그러하다. 공연 중심으로 서술할 경우 개별 작품이 놓인 정치사회적 상황이 지나치게 부각되어 연극으로서 마당극의 모습은 희미해져 버린다.

『마당극 길라잡이』에서는 극작품을 구성하는 핵심 요소인 극짜임, 극인물, 극시간과 극공간, 대사를 통해 마당극의 특징을 설명하였다. 극작품의 보편적 요소들 내에 존재하는 특별한 차이점들이 모여 마당극의 고유한 특징을 만들어낸다는 사실을 전하고자 했다. 극작품의 핵심 구성 요소를 통해 마당극을 설명하려 할 때, 개념에 대한 설명이 추상적이고 난해하여 뜻이 오롯이 전달되지 못할 위험성이 있다. 그러므로 『마당극 길라잡이』에서는 개념에 대한 설명은 간략히 하되, 〈천일야화〉, 〈춘향전을 연습하는 여자들〉, 〈나무꾼과 선녀〉, 〈5월의 편지〉, 〈아름다운 사람, 아줌마 정혜선〉, 〈신태평천하〉에서 찾은 사례를 통해 구체화하여 전달하는 방법을 택하였다. 필자의 마당극 작품집 『천일야화』(평민사, 2014)에서 사례를 뽑아 온 것은 다른 작품을 인용할 경우 발생할 수 있는 오해와 실수를 피하기 위한 궁여지책이다.

인문교양총서 가운데 하나로 『마당극 길라잡이』가 선택되어 출간의 기쁨이 배가 되었다. 총서 발간 기준에 맞추기 위해 원고의 상당 부분을 덜어낸 아쉬움은 있지만, 독자들이 부담 없이 읽을 수 있는 정도의 양이라는 점에서 오히려 다행이라는 생각도 든다. 간결하면서도 정확하며 읽기 편한 문체로 마당극의 아름다움을 전하고 싶었으나, 아직은 역부족이라는 사실을 이 책을 준비하는 동안 새삼 깨달았다. 바쁜 시간을 쪼개어 원고를 읽고 귀한 의견을 전해 준 이영희, 이정숙, 이수은 선생들 덕분에 이 정도나마 다듬어진 것을 다행으로 여긴다. 이 책이 길라잡이가 되어, 마당극 공연의 신명을 온몸으로 즐기는 관객들과 열정적으로 작품을 내어놓는 마당극 공연단체들이 늘어난다면 그보다 더 기쁜 일이 없겠다.

2020년 2월

김재석 씀

‖ 차례 ‖

1장 마당극의 오늘

1. 마당'놀이', 그리고 마당'극'

해마다 연말이 되면 국립극장에서 기획하는 공연이 있다. 2019년 12월에는 김지일의 〈춘풍이 온다〉를 손진책의 연출로 공연하였다. 달오름극장의 무대에 객석을 설치하여 만든 원형 무대에서 공연하였는데, 극 진행 중에 관객의 참여를 적극 유도하여 흥을 북돋우었다. 국립극장은 〈춘풍이 온다〉의 극 양식적 명칭을 마당놀이라 부르고 있다.

〈춘풍이 온다〉와 같은 마당놀이의 출발을 알린 작품은 1981년에 공연된 〈허생전〉(이근삼 작, 손진책 연출)이다. MBC가 창사 20돌을 기념하는 행사의 일환으로 공연을 기획하였는데, 당시 광고를 보면 "민속 쇼"(『경향신문』, 1981.12.16), 혹은 "창작 마당극"(『경향신문』, 1981.12.21)이라 부르고 있어 〈허생전〉에 대한 양식적 규정이 뚜렷하지 않은 상태에서 출발하였음을 알 수 있다. 〈허생전〉은 문화체육관을 공연장으로 사용하여 원형무대의 장점을 충분히 활용하였고, 배우와 관객들의 소통 시도, 시공간의 자유로운 이동으로 사건 진행에 속도감을 주는 등, 일 반적 무대극과 확연히 다른 연극적 특성을 보여주었다.

〈춘풍이 온다〉는 국립극장 마당놀이 시리즈의 네 번째 작품인데,
관객의 호응이 좋아 2019년에 재공연하였다.

　〈허생전〉은 공연에서 큰 인기를 얻었을 뿐만 아니라, 방송 에서도 시청률이 대단히 높았다. 처음 기획할 때에는 일회적 행사였으나, MBC는 연말이나 명절 특집 프로그램으로서 〈허 생전〉의 가치를 높이 평가했다. MBC가 연말 프로그램으로 〈허생전〉과 같은 작품을 고정 편성하기로 결정하면서, 민속 쇼도 창작 마당극도 아닌 마당놀이라는 이름이 공식화되었다.

그 무렵 전두환 정권의 탄압으로 공연 허가를 받을 수 없었으므로, 마당극은 합법적 극장 공연이 전혀 불가능한 상황에 놓여 있었다. 극장을 빼앗긴 마당극은 대학학생회나 노동자·농민회 같은 진보적 단체가 주관하는 행사에 결합하는 방식으로 공연을 이어나갔다. MBC가 마당놀이라는 명칭을 확정한 의도는 그 당시 마당극이 처해 있던 정치사회적 상황과 무관하지 않다. 이른바 '재야연극'이라 불리던 마당극과 양식상 비슷해 보이지만, 다른 종류의 연극이라는 점을 강조하고 싶었던 것이다. 한국 고전극(전통극)에서 정신은 약화되고 놀이성은 강화된 새로운 연극이 탄생한 바로 그 순간이다.

전두환 정권의 탄압으로 마당극이 거의 소멸 위기에 처해 있었던 시기에 MBC는 적극적으로 마당놀이를 키워나갔다. 마당놀이의 등장과 성장 기반은 MBC가 지닌 전문적 기획력과 풍부한 자금이었다. 극작과 연기, 음악, 연출에 있어서 당대 최고 수준의 공연담당자들을 모을 수 있었고, 특집 방송으로 마당놀이에 대한 대중적 인지도를 넓혀나갔다. 〈허생전〉에서 출발한 마당놀이는 강력한 대중성으로 탄탄한 고정 관객층을 만들어내었다. 방송 사업의 일환으로 투자한 MBC는 당연히 최대의 이익을 추구하고자 하였으므로, 강력한 대중성이 마당놀이의 기본 동력이 될 수밖에 없었다.

마당놀이의 등장과 성장은 여성 배우들만 출연하는 일본의 타카라즈카 가극(宝塚歌劇)과 흡사하다. 타카라즈카 패밀리 랜

드(宝塚 Family Land)는 실내 수영장이 폐쇄되는 겨울철에도 손님들이 끊이지 않게 할 수단이 필요했다. 지금의 한큐전철(阪急電鉄) 설립자인 코바야시 이치죠(小林一三)는 겨울 온천장의 여흥을 위해 1913년에 타카라즈카 창가대(宝塚唱歌隊)를 조직하여 공연을 시작하였다. 그 공연이 대중의 인기를 얻으면서 조금씩 짜임새를 갖추어 나갔고, 1919년 즈음에 이르러 타카라즈카 가극이라는 독자적 공연물로 자리 잡았다. 타카라즈카 가극은 지금도 일본에서 큰 인기를 누리고 있는데, 관객의 호기심과 취향을 우선시하는 대중화 전략은 처음부터 지금까지 일관되게 이어지고 있다.

마당놀이는 타카라즈카 가극에 맞먹을 정도의 강한 흥행 요소를 갖추고 있다. 마당놀이는 방송사의 후원을 받으면서, 명절이나 연말연시에 온 가족이 함께 모여 부담 없이 웃고 즐길 수 있는 극으로 자리 잡았다. 마당놀이가 마당극과 전혀 다른 소통 경로를 통해 관객과 만나면서 새로운 극으로 성장하였다는 점은 대단히 중요한 의미를 가진다. 외양은 대단히 유사하지만 극의 속성으로 보면 마당극과 마당놀이는 상당한 거리를 두고 서로 떨어져 있기 때문이다. 연극계에 종사하는 공연담당자들도 마당극과 마당놀이의 개념과 범주 설명에 적잖은 혼란을 겪고 있기 때문에 이 자리에서 한 번쯤 정리하고 넘어갈 필요가 있겠다. 마당놀이의 개념과 범주를 이해하는 데 있어 큰 도움이 되는 판결이 있다.

2002년에 마당놀이의 상표권을 소유하고 있는 MBC는 극단 미추가 공연할 때 마당놀이라는 명칭을 사용하지 못하도록 소송을 제기하였으나, 패소하고 말았다. 재판부는 그 이유를 "마당놀이는 전통극을 현대적으로 각색한 연극으로서 배우와 관객이 공간적으로 분리되지 않고 함께 어우러지는 형식의 연극을 지칭하는 것으로 일반 소비자들에게 인식"(『조선일보』, 2002.1.5) 되고 있기 때문이라고 설명했다. 지금도 마당놀이를 설명할 때 이 내용이 거의 그대로 반복되고 있다. 요약하자면, 전통 연극의 현대화, 그리고 배우와 관객의 어울림이다. 이 정도라면 마당극에 대한 일반적 설명과 거의 차이가 없는 것처럼 느껴지기도 한다. 그렇다면 마당극은 마당놀이와 분간될만한 별다른 특징을 갖고 있지 못하다 해도 좋을 것인가. 이러한 의문에 답을 찾기 위해 '마당극 정신'에 관심을 기울여야 한다.

우리가 사과라고 통칭하는 과일도 사실 한 품종만 있는 것은 아니다. 이름이 유사한 홍로와 홍옥은 맛과 향이 다른 품종의 사과이다. 단적으로 비교하자면 홍로는 단맛이, 홍옥은 신맛이 강한 편이다. 단맛과 신맛 중에 어느 맛을 더 선호하느냐에 따라 생산자와 소비자의 선택이 달라진다. 마당극과 마당놀이의 관계도 그러하다. 마당놀이를 선호하는 공연담당자와 관객들이 있는 반면 마당극을 선호하는 이들도 있다. 홍로와 홍옥 중에서 자신이 선호하는 사과에 대한 설명을 제대로 하려면 두 품종의 고유 특징과 그 차이를 제대로 알고 있어야 할 것이다. 마당극과 마당놀이의 관계도 그와 마찬가지이다. 마당놀이와 구분되는 마당극의 고유 특징이 무엇인지 제대로 알고 있어야 두 연극의 가치를 적절하게 설명할 수 있게 된다. 이것이 우리가 마당극 정신에 대해 많은 관심을 가져야 할 이유이다.

2. 마당극 정신

마당극 정신을 담고 있는 극이 마당극이다. 마당극 정신은 마당극이 생성·정착되어 가는 과정에서 형성된 근원적 원리이다. 공연담당자들이 마당극 정신에 의거하여 창출한 극적 요소들이 결집되어 마당극의 양식적 특징이 만들어진 것이다. 마당극 정신은 비판의 정신·융합의 정신·공유의 정신이 어우러진 것이다. (김재석, 「마당극 정신의 특질」 참조) 비판의 정신은 민중적 세계관으로 대상을 성찰하고, 거기에서 발견된 모순을 개선하고자 하는 의지이다. 융합의 정신은 배타적이거나 이질적으로 여겨지는 극적 자질도 적극적으로 공연에 도입하여 활용하려는 의지이다. 공유의 정신은 수동적 소비자에 머물고 있는 관객의 자발성을 불러일으켜 공연 주체의 한 부분으로 전환시키고자 하는 의지이다. 마당극 정신을 구성하는 비판·융합·공유의 정신은 비율이 고정되어 있지 않다. 마당극이 창작

될 당시의 상황과 필요성에 따라 세 가지 정신 중에서 어느 특정 정신이 더 강하게 나타나게 된다. 때로는 비판의 정신이 강하게 나타나는 마당극도 있고, 그와 마찬가지로 융합의 정신이나 공유의 정신이 두드러지는 경우도 있는 것이다.

1) 비판의 정신

마당극은 리얼리즘극이다. 리얼리즘극으로서 마당극의 가치를 지켜주는 요소가 바로 비판의 정신이다. 비판의 정신은 역사 발전의 주체가 민중이라는 인식에 기반을 두고 있으며, 인간의 평등과 권리를 억압하는 부정한 권력에 굴하지 않으려는 저항 의식이다. 민중은 영어가 한국어 발음 그대로인 minjung으로 표기될 만큼 한국 현대사의 특성이 강하게 반영된 개념이다. (이남희, 『민중 만들기』 참조) 대중이 숫자상으로 다수의 사람들을 뜻한다면, 민중은 역사의 흐름 속에서 자신의 역할을 깨달은 다수의 사람들을 일컫는다. 마당극 공연담당자는 민중적 관점에서 동시대 사회가 안고 있는 구조적 모순의 문제를 발굴하여 작품의 소재로 삼고, 그러한 문제의 해결 방향을 찾아가고자 한다.

한국 사회가 안고 있는 여러 가지 문제들 중에 교육을 빠뜨릴 수 없다. 〈천일야화〉는 교육 불평등이 한국 사회의 구조적 모순을 심화시키고 있는 현실을 비판하고 있다. 교육 문제를 다룰 때 누구의 시선에서 접근하느냐에 따라 상황의 본질에 대한 해석이 달라질 수 있고, 그에 따라 해결의 방식도 달라진다. 〈천일야화〉는 민중적 관점에서 "교육에 관한 한 우리 모두가 피해자이면서, 또 가해자"라는 입장을 견지하고 있다. 교육이 특정 계층의 특권을 강화시키는 계기로 작용하고 있는 현실뿐만 아니라, 그 속에 편입하기 위해 몸부림치고 있는 우리 모두의 모습을 함께 비판하고 있다. 이를 위해 학벌이 만들어내는 사회적 비리, 성적만으로 한 사람의 인생이 결정되어버리는 모순, 자식을 통해 대리만족을 꿈꾸는 부모들의 욕망을 마당별로 다루었다.

〈천일야화〉는 다섯째 마당에서 교육 문제에 대한 대안을 담고 있다. 사회적 특권과 경제적 부를 세습하는 계기로 교육이 이용당하고 있는 모순을 극복하기 위해서는 사회적 합의가 필요하다는 점을 강조하고 있다. 우리 개개인은 교육을 통해 내 자식을 특권층으로 밀어 올려놓고 말겠다는 이기적 생각에서 벗어나야 하며, 국가는 누구든지 자신이 원하는 교육을 받을 수 있는 기회가 제공될 수 있도록 제도적 뒷받침에 관심을 기울여야 한다는 것이다. 개인의 욕심을 제어하고, 공동의 이익을 위해 힘을 모으는 노력은 민중적 자각이 있어야 현실화될 수 있다.

1970년대에 성장하고 있던 마당극이 박정희 정권의 핍박으로 어려움을 겪게 된 까닭도 민중적 인식에 기초한 비판 정신 때문이다. 노동자와 농민의 삶을 억압하는 사회의 구조적 모순을 파고들면서 박정희 정권과 부딪힐 수밖에 없었다. 정권과 마찰을 두려워하지 않고 마당극의 비판 정신을 발휘하였기 때문에, 마당극 운동은 한국 민주화 운동의 한 부분으로 소임을 다 할 수 있었다. 시대 상황이 변함에 따라 작품의 소재는 달라지겠지만, 비판의 정신을 지닌 마당극은 리얼리즘극의 가치를 한결같이 지켜나갈 것이다.

2) 융합의 정신

융합의 정신은 마당극의 형식적 특질을 만들어내는 기반이다. 흔히 "전통문화의 창조적 계승과 서양문화의 비판적 수용"(임진택, 「새로운 연극을 위하여」, 111쪽)으로 마당극이 생성되었다고 설명하고 있다. 융합의 정신은 전통 연극의 자질과 수입 연극의 자질이라는 이질적 요소들을 결합시켜 새로운 극으로 나아가게 만든 힘이다. 융합의 정신은 작품의 주제를 명확히 드러낼 수 있는 극적 요소라면 무엇이든 적극적으로 수용하려는 공연담당자의 의지를 이끌어 낸다. 융합의 정신은 극을 고정된 형식에 가두지 않으려 하므로, 마당극은 형식적인 면에서 열려있는 극이 되는 것이다.

〈5월의 편지〉는 야외 마당극이다. 어느 학습지 노조에서 주최하는 해고 및 비정규직 노동자를 위한 문화마당에 참여한 노동자들이 서로의 불신과 반목을 극복하고, 양보와 타협을 통해 새로운 힘을 생성해내는 과정을 담은 극이다. 〈5월의 편지>에는 야외에서 공연되기 때문에 가능한 새로운 형식적 실험이 내재되어 있다. 단결된 민중의 힘으로 문제 해결의 동력을 만들어내어야 한다는 극의 주제를 관객들이 공연장에서 바로 확인할 수 있도록 의도하고 있다. 극을 본 관객이 극의 주제를 이해하는 데에서 끝나지 않고, 자신의 깨달음을 실천으로 증명해 보일 수 있는 방법이 〈5월의 편지〉에 준비되어 있다.

〈영희의 일기〉는 〈5월의 편지〉에서 극중극으로 공연된다.
〈영희의 일기〉 단독으로도 공연이 가능하다.

〈5월의 편지〉의 넷째 마당에는 문화마당에 참여한 노조원들이 힘을 합쳐 만든 촌극 〈영희의 일기〉가 들어 있다. 극중극으로 공연되는 〈영희의 일기〉는 〈5월의 편지〉의 주제를 담아낸 촌극이다. 회사의 갑작스러운 구조 조정으로 힘들게 살아가던 해고 노동자 가족이 동료 노동자들이 내미는 도움의 손으로 인해 새로운 희망을 얻게 된다는 내용이다. 잔업 시간을 줄여 일자리를 늘리기로 한 노조의 결의 사항을 전하기 위해 동료 노동자들이 영희의 집을 찾아온다. 동료 노동자들과 영희 아버지는 상대방을 배려하는 마음에서 서로 술 한 잔 사겠다며 옥신각신하게 된다. 그때 노동자 중의 한 사람이 줄 당기기를 하여, 진 사람이 술값을 내자는 제안을 한다. 영희 아버지와 동료 노동자들은 관객들을 이끌고 공연장 밖으로 나가, 양편으로 나누어 줄 당기기 시합을 벌인다. 이때 연극과 실제 상황 사이의 경계는 사라져 버린다. 〈영희의 일기〉의 줄 당기기가 〈5월의 편지〉의 줄 당기기가 되며, 한편으로는 관객들이 직접 참여하여 겨루는 실제 줄 당기기가 되는 것이다.

〈영희의 일기〉와 〈5월의 편지〉가 통합이 되면서 공연은 사라지고, 관객이 참여한 실제 줄 당기기만 남게 된다. 관객들이 줄 당기기에 참여하여 힘을 모으는 행위는 '단결된 힘'에 대한 자신의 깨달음을 현장에서 실천하는 의미를 가진다. 이러한 공연 방식은 브라질 출신의 공연담당자인 아우구스또 보알(Augusto Boal)이 즐겨 공연한 토론 연극(Forum theatre)을 마당극에 끌어들여 융합시킨 것이다. 토론연극이란 공연담당자가 제시한 극 내용에 대해 관객들이 자신의 생각을 밝히고, 그 의견이 반영된 극을 통해 한 번 더 공연담당자가 제시한 문제에 대해 생각해 보도록 이끄는 연극이다. 〈5월의 편지〉에서는 단결된 힘에 의한 변혁이라는 극의 주제를 제시하고, 관객들이 참여하는 줄 당기기를 통해 단결된 힘의 실제를 체험할 수 있도록 의도하였다. 줄 당기기에서 이기고 지는 결과와 상관없이 낯선 사람들과 함께 힘을 모아보는 경험 자체가 중요한 것이다. 융합 정신에서 비롯되는 열린 형식의 마당극이기 때문에 이러한 실험이 가능했다

마당극의 특징을 논의할 때 한국의 전통 연극과 서양의 진보적 연극의 융합을 많이 이야기한다. 한 편의 마당극에 전통 가면극 형식과 서양 무대극 형식이 공존하기도 하고, 이질적인 공연기법들이 화학적으로 결합하여 전혀 새로운 마당극 공연기법으로 탄생한 사례도 많이 있다. 이러한 특징은 마당극이 시대의 변화에 어울리는 새로운 공연 실험을 계속할 수 있도록 하는 동력이 되며, 이를 통하여 마당극의 극적 표현 범위가 점점 확대되어 가는 긍정적 결과를 얻을 수 있게 되는 것이다.

3) 공유의 정신

공유의 정신은 마당극의 존재 방식과 관련된다. 연극 관객을 소비자로만 인식하던 태도에서 벗어나, 공연담당자와 함께 극을 만들어 가는 능동적 존재로 설정하고자 하는 인식이다. 마당극의 공유 정신은 관객들이 공연에서 의미 있는 역할을 담당할 수 있도록 이끄는 공연기법에 의해 실현이 된다. 그러

므로 관객의 적극적인 참여가 이루어지지 않을 경우, 마당극은 공연의 일부가 제대로 형상되지 않게 된다. 극장에서 수동적인 자세를 취할 수밖에 없는 관객에게 능동성을 부여하려면 치밀하게 계산된 기능적 요소들이 극에 배치되어 있어야 한다. 공연담당자의 의도가 지나치게 드러나거나, 반대로 온전하게 전달되지 못하는 경우 관객은 당황하게 되어 오히려 경직된 자세를 취하기 쉽다. 공유의 정신이 제대로 담긴 마당극에서 관객은 공연담당자의 일원으로 전환될 수 있고, 극 진행에 참여하여 적극적으로 자신의 의사를 개진하게 된다. 이러한 관객이 있음으로써 마당극의 공연 성과가 더욱 높아질 수 있게 된다.

〈춘향전을 연습하는 여자들〉은 여성 연극제에 나가기 위해 연극 〈춘향전〉을 연습하는 동안 삶의 주인 됨에 대한 자각을 얻어내는 여성들의 이야기이다. 〈춘향전을 연습하는 여자들〉은 극을 시작하기 전부터 관객에게 능동성을 부여하기 위한 방법을 준비하고 있다. 공연장 입구에 '경축, 〈춘향전〉 시연회, 헤븐트윈스 아파트부녀회 일동' 등의 현수막을 게시하여 시연회라는 설정을 관객들이 인지할 수 있도록 하며, 관객들에게 아파트 동과 호수(원할 경우 이름까지)를 적은 명찰을 달아준다. 관객들이 공연장에 입장하면, 배우들은 명찰에 적힌 동과 호수 혹은 이름을 불러 주면서 대화를 이끌어 그들의 긴장을 풀어 준다. 이를 통해 관객들은 자신이 시연회에 참석하러 온 아파트 주민으로 설정되어 있음을 알게 되고, 그러한 상황에 익숙해지면서 자연스럽게 극의 일원이 되는 것이다.

〈춘향전을 연습하는 여자들〉의 셋째 마당은 관객배우의 역할 비중이 극 진행을 좌우할 만큼 크다. 〈춘향전〉을 연습하면서 하염없이 이몽룡만 기다리고 있는 춘향의 태도에 불만을 느낀 아파트부녀회의 참여자(배우)들은 새로운 연극 〈춘향전〉을 만들기로 결정한다. 논의를 계속하여 보았지만, 어떤 성격의 춘향을 만들어야 할지 난감해진 부녀회의 참여자(배우)들은 시연회를 열어 아파트 주민(관객)들의 도움을 받기로 하였다. 부녀회의 참여자(배우)들에게 아파트 주민(관객)이 도움을 주는 상황이 바로 셋째 마당이다. 자발적으로 혹은 권유에 의해 무대에 나온 관객들은 자신이 생각하는 춘향의 새로운 자세에 대해 의견을 내고, 배우들과 같이 직접 시연하기도 한다. 만일 〈춘향전을 연습하는 여자들〉의 셋째 마당에서 관객들의 참여가 아주 저조하다면, 새로운 춘향의 모습에 대한 합의가 제대로 이루어질 수 없어 자기 삶의 주인 되기라는 극 주제의 형상이 어려워지게 된다.

최근 소극장의 공연에서 배우가 관객에게 말을 걸거나, 어떠한 행동을 요구하는 경우를 종종 볼 수 있다. 제4의 벽이 존재하는 액자무대의 공연이므로 극인물과 관객의 공간은 당연히 분리되어 있다. 그럼에도 불구하고 무대에서 밥을 먹던 극인물들이 느닷없이 관객에게 먹어보라고 권한다든가, 관객을 무대로 데리고 와서 특정 장소에 가두어 버리는 경우도 있다. 이것은 극적 재미를 높이기 위하여 관객을 잠시 소품 취급하는 경우라 하겠는데, 이러한 행동은 공유의 정신과 거리가 있다. 마당극의 공유 정신은 공연에서 의미 있는 행동을 하였다는 점을 관객이 스스로 인지하도록 하며, 이를 통하여 극의 주제를 적극적으로 받아들이도록 이끄는 것이다.

3. 가면극과 마당극 정신의 원형

비판·융합·공유의 정신을 품고 있는 마당극 정신이 한국 연극사에서 전혀 새로운 연극 이념은 아니다. 마당극 정신의 원형은 한국 고전극 공연에서 이미 발견되는데, 가면극이 좋은 사례이다. 가면극은 봉건시대의 모순을 민중적 관점에서 비판하고 있다. 안동의 하회마을에서 전승되고 있는 하회별신굿탈놀이의 양반·선비마당이 그 사실을 확연하게 보여주고 있다. 양반·선비마당의 극인물은 봉건시대의 지배층과 피지배층을 대변한다. 양반은 정자 갓을 쓰고 부채를 들고 있으며, 선비는 유건을 쓰고 등에 담뱃대를 꽂고 있다. 복색이 초라한 초랭이는 하인이며, 화려한 옷을 입은 부네는 기생이다. 거들먹거리며 공연장에 등장한 양반과 선비는 그들의 힘을 믿고 으스대지만, 시간이 흐르면서 초랭이와 부네에게 비판당하는 초라한 신세가 되어버린다. 하회별신굿탈놀이의 공연담당자는 연극의 힘을 빌려 현실을 비판하는 것이다.

양반과 선비가 만나 통성명하고 큰절을 나눌 때, 초랭이가 끼어들어 궁둥이를 양반의 머리에 대고 절을 한다. 봉건시대에 하인이 양반의 머리에 궁둥이를 들이대는 행위는 감히 있을 수 없는 불경스러운 일이다. 양반과 선비가 화를 내자, 초랭이는 "지도 인사 내도 인사, 인사하긴 마찬가진데 뭔 상관이껴"라며 응수한다. 양반은 부네를 곁에 두고 예뻐하지만, 부네는 양반의 머리에 있는 이를 잡는 데 신경을 집중하고 있다. 그것을 본 초랭이는 호들갑스럽게 "아이고 양반도 이가 다 있나"라며 떠들어 양반의 체면을 깎아내린다. 게다가 양반과 선비는 서로 지체 높음을 내세우다가 초랭이에게 조롱당한다. 팔서육경을 읽었다는 선비의 어이없는 자랑에 양반이 기가 막혀 말을 못하자 초랭이가 나선다. 초랭이는 육경을 "팔만대장경, 바라경, 앵경, 길경, 월경, 세경"이라 답하여 양반과 선비의 학식을 송두리째 부정해 버린다. 정력에 좋다는 우랑을 두고 다투던 양반과 선비는 지나가던 할미에게 호되게 비판 받는다. 할매는 "내 육십 평생 살았다마는 이 소부랄 가지고 싸우는 꼬라지는 처음 봤다"는 호통으로 지배층과 피지배층의 관계를 순식간에 역전시켜 버린다.

양반·선비마당의 이러한 성과는 가면극의 공유 정신과 융합 정신에서 얻어진 것이다. 초랭이가 양반과 선비를 조롱할 때 관객들은 "얼씨구", "잘 한다" 등의 추임새를 함으로써 극에 개입한다. 관객들의 추임새가 강할수록 비판의 강도가 세어지는 것은 물론이다. 배우와 관객이 극을 함께 만들어 가는 공유의 정신이 작동하고 있는 것이다. 양반·선비 마당은 전체 아홉 마당으로 짜인 하회별신굿탈놀이 중의 한 마당이다. 강신 마당과 무동 마당, 주지 마당은 하회별신굿의 부분이고, 혼례 마당과 신방 마당은 일반 관객들은 볼 수 없을 만큼 주술성이 강한 부분이다. 독립적이면서 이질적인 성격을 지닌 마당들이 모여 하회별신굿탈놀이를 이루고 있는데, 융합의 정신이 그 모든 것들을 연결시키는 기본 바탕임을 잘 알 수 있다. 마당극 정신의 원형은 이미 가면극에 내포되어 있었던 것이다.

한국의 고전 가면극이 근대극의 바탕이 되지 못한 것이 큰 불행이었다. 봉건시대에서 근대로 전환되는 시기에 서양의 문물과 제도가 당대 사회의 규범이 되었고, 연극도 예외는 아니었다. 1902년에 설립된 실내극장 협률사가 근대전환기 연극계를 주도하면서, 한국 고전극은 협률사의 액자무대(proscenium)에 맞도록 개편되기 시작했다. 그중에서도 고전 가면극이 가장 큰 피해를 입었다. 무대와 객석이 분리되어 있는 협률사는 가면극 공연에 적합하지 않았기 때문이다. 판소리는 창자들이 역할을 나누어 연기하는 방식을 도입하여 실내극장의 무대에 적응을 하여 나갔으나, 액자무대와 어울리지 않는 가면극은 극장 밖으로 떠밀려 나갔다. 1908년 〈은세계〉 공연을 계기로 한국 연극계에 뿌리를 내리기 시작한 일본 신파극이 득세하면서 가면극은 서서히 잊힌 공연물이 되어갔다. 일본 유학생 출신의 연극인들이 주축을 이룬 1920년대 근대극 운동에서도 가면극은 고려의 대상이 되지 못했다. 입센(Ibsen)식의 무대극이 식민지조선 근대극의 모범으로 자리하면서, 가면극은 박제된 전통문화의 하나가 되어버렸다.

1930년대 전반기에 활발했던 촌극 공연에서 가면극의 공연 자질이 발견된다. 일제강점기의 촌극에 내재된 민중의식이 동시대에 거의 잊힌 상태에 있던 가면극을 기억하여 불러낸 것이다. 촌극운동의 공연담당자들이 연극전문가가 아니어서 가능한 일이었다. 그 무렵 일본 유학생 출신이 주축인 전문 연극인들은 서양 근대극을 모범으로 삼은 연극에 몰두하고 있었다. 일제는 공연 검열을 통해 당대 연극이 사회비판적 발언을 할 수 없도록 통제하고 있었으므로, 극장가에서 식민지조선의 현실을 제대로 다룬 극을 찾아볼 수 없었다. 촌극운동은 일제의 공연 검열을 아예 무시한 채 생활 현장에서 이루어진 비상업적 공연이었다. 비전문가들이 야학이나 농민회 등의 행사에 필요한 연극을 하는 것이므로 공연 검열을 받지 않아도 된다는 것이 표면적 이유였다. 사실상의 속내는 일제가 비판적 내용의 작품을 공연하도록 허가를 내어주지 않을 것이므로 아예 신청을 하지 않은 것이다. 촌극운동의 작품들은 농민조합이나 노동조합 혹은 야학 등지에서 일어난 경험담들을 주로 극화하였다.

1934년 진도의 야학에서 공연했던 〈지도원의 강연〉(곽재술)
이 촌극운동의 작품 세계를 잘 보여주고 있다. (김재석, 『일제강점
기 사회극 연구』, 229-235쪽) 야학W의 선생이었던 곽재술은 연극
〈지도원의 강연〉으로 마을 농민들을 계몽·선전하고자 했다.
〈지도원의 강연〉은 공연 시간이 20분 정도이고, 무대장치도
간단하면서 극인물이 많지 않으므로 준비에 많은 시간을 쓰지
않고도 공연할 수 있는 강점을 가지고 있다. 〈지도원의 강연〉
에서 비판하는 것은 일제가 요구하고 있는 새로운 못자리 설
치와 농회지도원의 저축 독려이다. 극공간을 마을회관으로 설
정하여 공연 장소와 일치시킴으로써 현장감을 높였으며, 간단
한 소도구를 이용하여 극 장소를 전환함으로써 시공간의 제약
을 뛰어넘었다.

　　농민 형제인 영호와 영수가 등장하여 못자리 설치를 두고
말다툼을 벌이면서 극이 시작된다. 형 영호는 농회에서 요구
하는 개량식 못자리를 설치하려 하고, 동생 영수는 그렇게 할
필요가 없다며 반대한다. 영수는 농회의 요구가 농민을 위한
것이 아니라, 그들의 이익을 높이기 위한 방법일 뿐이라고 비
판한다. 마을의 농민이 대부분이었을 관객들은 영호와 영수의
말다툼을 보면서 어느 쪽이 옳은지 판단을 내리게 된다. 극인
물이 대화하는 동안 관객의 개입이 이루어질 수 없기 때문에
서양식의 무대극과 유사한 공연이라 하겠다.

　　이어 저녁으로 극시간이 바뀌면서 농회에서 온 연사들이

무대로 들어온다. 무대로 들어온 연사들은 관객을 청중으로 설정하여 연설을 한다. 연사들은 농민들의 가난한 처지를 "조선 사람과 같이 나태하고, 낮잠, 담배, 음주 등을 잘하는 사람은 없다"고 하는 민족성의 탓으로 돌린다. 일제의 정책을 옹호하는 연설이 계속되던 중, 관객석에 앉아 있던 청년이 손을 들고 항의를 한다. 그는 관객과 어울려 앉아 있던 배우인데, 가난을 면하기 위해 저축을 많이 하도록 해야 한다고 강조한 연사의 강연에 대해 조목조목 비판한다. 청년은 "귀하의 강연은 허언으로 이루어졌으며 귀하를 발표시킨 농회는 정말 농민을 지도하려고 하는 것이 아니라 기만적 책동"이므로, 당장 강연을 중지하라고 요구한다. 청년이 발언하는 동안 관객석에 있던 또 다른 배우들이 "그렇다!"는 식의 추임새를 넣어 비판적 분위기를 고양시킨다. 극 진행에 관객이 개입할 수 있는 가면극적인 공연 방식이 도입된 것이다.

〈지도원의 강연〉은 1930년대 연극계의 주류적 공연에서 찾아볼 수 없는 독특한 양식적 특징을 가지고 있다. 극의 전반부인 영호와 영수의 말다툼은 서양식 무대극으로, 후반부인 농회 연사의 강연은 가면극 공연 방식으로 극화하였다. 서양식 무대극에서 가면극 공연 방식으로 전환이 될 때, 농민이 "이 마루장만 해도 우리 부락민 모두를 수용할 것인데, 저 강연대만 가져오면 충분"하다고 설명하면서, 소도구만 가져다 놓는 방식으로 무난하게 해결하였다. 이질적인 극형식을 연결시키는 데 주저하지 않았던 이유는 농민운동을 하는 공연담당자들이 지닌 융합 정신에서 답을 찾아야 할 것이다. 농회 연사의 강연을 비판할 때, 관객석에 배우를 미리 앉혀놓는 방식으로 농민관객과 일체감을 형성하여 그들의 참여를 최대한 이끌어내었다. 극공간이 공연공간과 일치하고 있을 뿐 아니라, 관객석에 앉아 있는 배우들이 추임새를 주고받기 때문에 일반 관객들도 동참하기가 한결 편해지는 것이다. 극의 후반부는 공연담당자와 배우들이 함께 극을 만들어 가는 공유의 정신이 발휘된 것이라 해도 좋겠다.

지금 현재 전해지고 있는 작품이 거의 없는 탓에 촌극운동의 전모와 실제 작품의 연극적 경향을 정확히 알 수는 없다. 〈지도원의 강연〉에서 보았듯이 민중들에게 익숙한 가면극적인 공연 방식이 적극적으로 활용되었으리라는 추측이 가능하다. 그렇지만 1930년대 중반을 넘어서면서 강력해진 일제의 탄압으로 촌극운동은 막을 내릴 수밖에 없었다. 이어진 국민연극의 시기에 가면극의 정신을 수용한 극이 나올 수는 없었다. 그러한 상황은 해방 후에도 이어졌다. 다시 서양 근대극을 모방한 작품들이 한국 연극계의 주류를 차지하였고, 1950년대 후반에는 서양의 실험극이 한국으로 밀려들어 왔기 때문이다.

변화의 계기는 1960년 4·19혁명이었다. 4·19혁명은 사회 전반에 걸쳐 새로운 바람을 불러일으켰고, 연극계에서도 한국 고전극을 새로운 시각에서 바라보는 움직임이 일어났다. 마당극 운동의 서막이 열린 것이다. 1960년대에 시작된 마당극 운동은 기존 연극계의 외부에서 일어났다. 일군의 공연담당자들은 한국 연극계에 편입하여 민중 연극의 활성화를 도모하는 방식이 아니라, 민중의 새로운 연극으로 기성 연극계의 변화를 이끌어내는 방식을 택하였다. 그 무렵 기성 연극계의 주류는 서양식 무대극이었지만, 마당극 공연담당자들은 그와 달리 한국의 고전극에서 필요한 연극적 자양분을 끌어왔다. 한국의 고전극이 지닌 민중성이 새로운 시대가 요구하는 새로운 연극의 정신적 가치여야 한다고 여겼기 때문이다.

마당극의 서두에 놓아도 좋을 여러 시도들 가운데에서 가면극과 촌극운동의 맥이 끊어지지 않고 있다는 사실을 깨닫게 해준 작품이 〈향토의식초혼굿〉이다. 1963년에 서울대학교에서 공연된 〈향토의식초혼굿〉은 가면극 활용과 탈극장 연극의 가능성을 제시해주었다는 점에서 마당극 운동의 선두에 위치시켜도 무리가 없다. 〈향토의식초혼굿〉은 세 편의 개별 작품이 모인 형태이다. 조동일의 '신판광대놀이' 〈원귀 마당쇠〉(1막, 이필원 연출)와 〈사대·매판·굴종지구(事大·買辦·屈從之柩)의 장례식〉, 그리고 〈농악굿〉으로 구성되어 있다. (김재석, 「〈향토의식초혼굿〉의 공연 특질과 연극사적 의미」 참조)

〈원귀 마당쇠〉는 하회별신굿탈놀이를 원용하였으며, 신판광대놀이라는 명칭에서 알 수 있듯이 무대극과 다른 연극이라는 점을 분명하게 인식하고 있었다. 가면극에서 흔히 그렇게 하듯이, 마당쇠와 관객석의 배우가 이야기를 주고받으면서 극공간과 공연공간을 일치시킨다. 서울대 학생들이 벌이고 있는 〈향토의식초혼굿〉의 힘 때문에 마당쇠의 원귀가 문리과대학 소극장으로 불려나왔다는 설정이다. 극인물인 마당쇠가 무대에 있고, 대화를 나누는 악사는 관객들과 함께 자리하고 있으므로 무대와 객석의 경계가 허물어지는 효과를 낳는다. 이러한 시도는 농민과 대학생의 연대라는 주제를 강화하기 위한 것이다.

〈원귀 마당쇠〉는 권력이 저지르고 있는 부정부패의 악순환을 끊지 못한다면 농민의 궁핍한 삶이 결코 해결될 수 없다는 주장을 담고 있다. 계묘년 대흉년에 굶어 죽은 마당쇠의 후손은 여전히 가난하고, 그를 착취하고 죽게 만들었던 변학도의 후손은 여전히 부자로 살아가고 있는 현실이 문제라는 것이다. 민중적 관점에서 당대 농민 문제를 바라보는 입장인데, 농민과 대학생들이 연대하는 농민운동을 문제 해결의 대안으로 제시하였다. 〈원귀 마당쇠〉에서는 관객석의 배우를 활용하여 연대 투쟁의 주장을 강화시키고 있다. 마당쇠가 현실의 모순을 어떻게 해야 하나라고 말하자, 관객석의 배우는 "고치도록 싸워야지", "농민들이 그리고 여기 모인 우리들이"라고 답한다. 마당쇠의 원한을 문리과대학 소극장에 앉아 있는 대학생들이 농민과 연대하여 풀어주겠다는 다짐이다.

〈원귀 마당쇠〉의 공연이 끝난 후, 농민과 연대를 다짐한 관객들은 밖으로 나가 사대주의의 장례식이라는 상황극에 참여하게 된다. 사대·매판·굴종의 관을 실은 상여 뒤에 근조 사대주의, 죽었구나 사대주의 네 자식까지 몽땅 데려가라, 잘 죽었다 사대주의, 불쌍하다 재즈, 죽어가는 사대주의 자라나는 민족의식 등의 만장(挽章)이 뒤따른다. 문리대 교정을 돌아 4·19 기념탑 앞에 집결한 다음 사대주의가 죽었음을 선포하는 제문을 읽는다. 한국사회의 고질병으로 여겨지던 사대주의가 죽었으니 축하의 자리가 이어지는 것은 당연한 일이다. 그 자리에서 이어진 〈농악굿〉에는 향토의식 소생굿, 사대주의 살풀이, 난장판 민속놀이, 조국발전 다짐굿이 포함되어 있다. 〈향토의식초혼굿〉이 공연된 날, 농악패의 음악에 맞추어 함께 춤추고, 막걸리를 나누어 마시면서 신명을 돋운 뒤풀이는 밤늦도록 계속되었다.

〈향토의식초혼굿〉은 가면극의 공연원리를 활용한 연극에 이어 귀신을 물리쳐 내쫓는 제의적 연행, 그리고 농악굿으로 마무리되는 뒤풀이가 한 편의 작품 속에 들어 있는 새로운 공연 양식을 선보였다는 점에서 중요하다. (김재석, 「〈향토의식초혼굿〉의 공연 특질과 연극사적 의미」, 177-178쪽) 〈향토의식초혼굿〉에 속해 있는 각각의 공연물은 전체와 부분이 서로 유기적 구성 관계를 가지면서 한 편의 공연물을 형성하고 있다. 〈향토의식초혼굿〉은 세 차원의 공연이 순차적으로 진행되면서 효과를 증폭시키는 구조를 가지고 있다. 언술 행위가 중심에 놓인 연극의 장, 이어서 상징적 몸짓에 의한 행위가 중심에 놓이는 제의적 굿의 장, 그리고 농악을 활용해 참여자들을 난장의 체험으로 이끄는 뒤풀이의 장이 그것이다.

연극의 장인 〈원귀 마당쇠〉에서 농촌의 문제를 봉건시대의 구조적 모순과 연결시켜 제시하고, 굿의 장인 〈사대·매판·굴종지구의 장례식〉에서 1960년대 초를 뒤덮고 있는 사대주의 입장을 제거함으로써 극복의 가능성을 보여준다. 그 후 뒤풀이의 장인 〈농악굿〉에서는 농악대와 어울려 일어나는 관객의 신명을 빌어 미래 지향적인 방향 속에 자신을 던져 넣게 만든다. 각각의 장은 독자적 공연이면서도 전체 공연의 부분으로도 작용하는 독특한 구조가 되는 셈이다. 이것을 그림으로 표시해보면 아래와 같다.

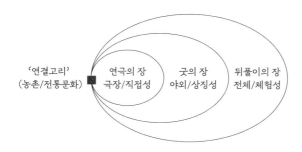

‘연결고리’ (농촌/전통문화) ■ 연극의 장 극장/직접성 · 굿의 장 야외/상징성 · 뒤풀이의 장 전체/체험성

〈향토의식초혼굿〉에 속해 있는 연극의 장과 굿의 장, 뒤풀이의 장은 각각 독립하여 존재할 수도 있지만, 연결 고리에 의해 하나의 작품으로도 묶여 있다. 〈향토의식초혼굿〉은 '농촌'과 '전통문화'가 그 역할을 담당하고 있다. 연극의 장은 직접적인 발화를 통하여 관객에게 현실의 문제를 인식하도록 한다. 그 자체로서도 현실의 문제점을 드러내는 연극으로 기능을 하지만 굿의 장과 어울릴 때는 굿의 장을 위한 앞풀이의 기능도 가지게 된다. 연극의 장에서 제시된 현실 문제를 굿의 장에서 제의적 힘으로 정화하거나 혹은 제거하는, 다시 말하자면 문제 해결에 대한 가능성을 인식하게 하는 역할을 한다. 굿의 장에서 상징성만으로 극적 효과를 얻을 수 있는 것도 연극의 장에서 이미 현실 문제에 대한 설명이 제시되었기 때문이다. 마지막의 뒤풀이 장은 관객들에게 문제적 상황에 대한 인식과 그 해결에 대한 과정을 자기 체험으로 바꾸어주는 역할을 하며, 자신의 몸으로 직접 참여하면서 신명을 얻어내는 과정이라 하겠다.

〈향토의식초혼굿〉의 공연담당자들은 농민들이 처한 궁핍한 현실을 민중적 관점에서 비판적으로 다루었고, 공유의 정신으로 공연담당자와 관객의 구분을 없애고 함께 극을 만들어 나가고자 했다. 연극과 행위예술, 그리고 굿에 이르기까지 이질적 극 갈래들이 결합되어 하나의 작품으로 만들어진 배경에는 고정된 형식에 안주하지 않으려는 공연담당자의 융합 정신이 있다. 고전 가면극의 공연원리가 〈향토의식초혼굿〉에 제대로 자리 잡고 있는 것이다.

고전 가면극의 공연원리가 마당극 정신으로 이어지고 있다는 점을 확실하게 보여준 1970년대의 작품으로 〈함평고구마〉가 있다. (김재석, 「〈함평고구마〉연구」 참조) 1978년 11월 27일에서 28일 양일간 광주시의 계림동천주교회에서 열린 전국 쌀 생산자 대회 및 추수감사제에서 이루어진 〈함평고구마〉의 공연은 그 당시 비전문적 연극인들이 주도했다. 그들은 박정희 정권의 농민정책을 비판하는 행사에 계몽·선전의 마당극 〈함평고구마〉로 찬조 출연하였다. 〈함평고구마〉의 공연 환경은 일제강점기 〈지도원의 강연〉과 마찬가지였다. 행사의 일부분이므로 공연 시간이 길지 않아야 했고, 극장에서 이루어지는 공연이 아니므로 관의 검열을 걱정할 필요가 없었고, 가톨릭 농민회원들이 객석을 메우고 있으므로 관객의 자발성이 대단히 높았다.

〈함평고구마〉의 대본은 공동 창작으로 이루어졌다. 박효선이 주도하여 전남대 연극반과 민속문화연구회 출신 배우들이 함께 연습하면서 대본을 구성했다. 〈함평고구마〉의 창작 방식은 가면극이나 판소리의 공동 창작 방식이 다시 부활하였다는 점에서 의미가 크다. 연극반 출신 배우들이 가지고 있는 서양 연극에 대한 지식과 민속문화연구회 출신 배우들이 가지고 있는 고전극의 지식이 결합되어 〈함평고구마〉의 공연 원리를 이루었다. 〈함평고구마〉 대본만 보았을 때에는 서양의 무대극처럼 보이지만, 공연장에서는 마치 가면극을 보는 것 같은 효과를 만들어 냈다. 융합의 정신이 작품의 기저에 확고히 자리 잡고 있는 것이다.

〈함평고구마〉는 민중적 비판 정신의 본 모습을 잘 보여주고 있다. 함평고구마 사건은 민중이 박정희 정권과 벌인 투쟁에서 성공을 거둔 희귀한 사례이다. 〈함평고구마〉의 공연담당자들은 그 사건에서 민중의 단결된 힘을 발견하였으며, 그러한 힘의 가능성을 공연장에서 관객과 공유하고자 하였다. 따라서 〈함평고구마〉에는 농민을 지도하려는 지식인의 관점이 애초부터 들어가 있지 않았다. 함평고구마 사건의 개요를 사실적으로 설명하는 것만으로도 극적 효과를 충분히 얻을 수 있기 때문이다. 피해 농민들은 집과 밥 생각이 간절해도 참고 농성장을 지켰고, 공권력의 탄압으로 피해를 입으면서도 끝까지 참고 버티었던 것이다. 참여 농민들 중 다섯 명이나 쓰러져 병원으로 옮겨질 때까지 단결된 힘으로 버티어서 마침내 승리하게 되었다는 사실이 그대로 전달된다. 농민들의 단결된 힘이 얼마나 위대한 결과를 얻어 낼 수 있는가를 실감 나게 전달해주는 장면이라 하겠다.

공권력의 힘 앞에 개개인은 약해질 수밖에 없지만, "똘똘 뭉치니께 돈과 권위에만 눈이 뒤집힌 저 작것들의 힘이란 게 얼매나 엉터리란 걸 알게 되었다"는 것이다. 이를 통해 승리를 자축하는 농민집회에서 공연된 '사건 보고극'을 넘어서서, 〈함평고구마〉는 민중적 현실을 제대로 그린 리얼리즘극으로 나아간다. 함평의 농민들이 거둔 승리를 그들의 것으로 한정시키지 않고, 박정희 정권의 폭압에 시달리고 있던 민중의 승리로 확산시킨 것이다.

〈함평고구마〉의 앞풀이와 뒤풀이는 가면극 공연에 못지않게 신명을 북돋우는 효과를 얻고 있다. 공연담당자와 농민 관객 사이에 존재하는 공유의 정신이 잘 발휘된 공연이라 하겠다. 〈함평고구마〉는 공연 장소와 극 중 장소를 일치시켜 사실성을 높이고 있다. 〈함평고구마〉의 도입부에 등장한 농민1은 "노상 날강도 같은 잡놈들에게 얻어터지고 씹히고만 살다가 오랜만에 이런 좋은 풍정에 와서 한잔 걸치고 나니 정말 극락천지 천국에 온 것 같다"며 운을 뗀다. '얻어터지고 씹히'는 곳이 현실 사회라면 '좋은 풍정에 와서 한잔 걸'치는 곳은 바로 농민회의 행사장소이다. 뜻을 같이 하는 농민들이 함께 모여 자리를 가진다는 사실만으로도 농민들은 '극락 천지 천국'에 온 것 같은 기분이 들었을 것이다.

극인물 농민의 기분이나 관객인 농민의 기분이 일치되는 상황이다. 극인물과 관객인 농민의 일치감이 높기 때문에 〈함평고구마〉의 뒤풀이는 모두 함께 어울릴 수 있는 가능성이 커졌다. 극인물 농부3이 "오늘같이 기쁜 날, 어이 아니 놀 수 있겠느냐?"라고 놀기를 청하자, 극인물 농부들이 "어디 놀아보자, 작것, 한번 놀아보세!, 암사! 좋았어!"라며 호응한다. 극인물 농부3의 대사는 극인물인 다른 농민을 향한 것이지만, 효과 면에서는 관객인 농민에게 요청한 것과 같다. 극인물 농민과 관객인 농민이 함께 어울려 질펀한 뒤풀이가 시작되는 것이다.

〈지도원의 강연〉이나 〈향토의식초혼굿〉, 〈함평고구마〉는 한국 연극사의 흐름에서 사라진 것처럼 보였던 가면극 정신이 끊이지 않고 이어지고 있음을 확인시켜 주고 있다. 한국 근대극의 역사에서 사라진 것처럼 보였던 가면극 정신이 한국 연극계의 지표 위로 다시 솟아오르면서 마당극 생성의 기반을 이룬 것이다.

2장 극짜임

1. 극과 화소

한 편의 극은 여러 개의 의미 단락, 즉 화소(episode)로 이루어져 있다. 극짜임은 한 편의 작품 속에 들어 있는 여러 화소들이 서로 맺고 있는 관계이다. 극작가는 극의 주제가 잘 구현될 수 있도록 유의하여 화소를 배열하는데, 그 배열 순서에 따라 이야기 내용과 주제가 달라지기 때문이다. 두 장의 사진이 있다고 가정해보자. 사진1은 청춘남녀가 손을 잡고 활짝 웃고 있는 장면이고, 사진2는 청춘남녀가 등을 돌린 채 화를 내고 있는 장면이다. 사진1을 먼저 보고 사진2를 본 사람은 연애 중이던 청춘남녀가 어떤 문제로 인하여 싸우고 헤어지는 이야기를 떠올릴 것이다. 그 반면에 사진2를 먼저 보고 사진1을 본 사람은 정반대의 이야기를 상상하게 된다.

두 장의 사진에 크게 화를 내고 있는 남성의 사진3을 추가해보자. 사진3의 위치가 어디인가에 따라 많은 이야기가 만들어진다. 사진1과 사진2의 순서로 보았던 사람에게 사진3을 보여주면, 그 남성이 두 사람의 헤어짐에 대해 화를 내고 있는 상황을 상상할 것이다. 사진3의 위치를 사진2보다 앞에 두고 동일한 사람에게 보여준다면, 이야기는 달라진다. 즉 두 사람의 연인관계를 못마땅하게 여긴 그 남성 때문에 청춘남녀가 헤어진 이야기로 바뀔 수 있는 것이다. 사진3이 마지막에 놓였을 때는 두 남녀가 헤어진 것에 대한 결과이지만, 사진3이 중간에 놓이면 두 남녀가 헤어지게 되는 원인으로 작용한다.

사진3이 추가되면서 내용이 더 풍성해졌고, 그 사진이 어디에 위치하느냐에 따라 다른 내용의 이야기가 새로 더 생성되었다. 이것이 바로 극짜임의 효과이다. 동일한 수의 화소를 가지고도 배치를 달리하면 많은 수의 새로운 이야기를 만들어낼 수 있다. 동일한 화소라 하더라도 극의 어느 위치에 놓이느냐에 따라 생성하는 의미가 달라지므로, 극짜임에는 극작가의 전략적 판단이 내재되어 있는 것이다. 극은 공연 시간의 제한이 있는 예술이므로 극작가의 전략적 판단이 중요하다. 90분 혹은 120분의 공연 시간 내에 자신이 전달하고 싶은 주제를 제대로 드러낼 수 있는 이야기를 만들어내어야 하기 때문이다. 중심 이야기에 들어가기 전의 사연이 너무 장황했다거나, 느닷없이 이야기가 종결되어 버리는 느낌을 관객들이 갖는다면 그것은 잘 짜인 극짜임이 아닌 것이다.

2. 극짜임의 유형

극짜임의 유형은 크게 두 가지로 나눌 수 있다. 첫째는 기본형의 극짜임(basic plot)이고, 둘째는 변형의 극짜임(variational plot)이다. 기본형과 변형의 특징 차이는 상대적인 것으로 이해하여야 하며, 극짜임 자체에 우열은 없다. 극작가는 두 가지 중에서 작품의 주제를 드러내기에 어느 극짜임이 더 효과적인가를 따져 보고 선택한다.

기본형의 극짜임은 극에 배치된 화소들의 인과관계가 긴밀하여 연결이 단단하다는 느낌이 든다. 관객들이 극에 몰입하도록 유도하는 힘이 강하므로 기본형의 극짜임은 그들이 극의 주제를 비판 없이 받아들이도록 이끌어 가는 경향이 강하다. 서양의 대표적 작품을 분석하여 설정한 구스타프 프라이탁(Gustav Freytag)의 5부3점 구조는 기본형의 극짜임에 대한 상세한 설명이다. 변형의 극짜임은 화소들의 인과관계가 미약하여 느슨한 연결이라는 느낌이 든다. 극에 대한 몰입도가 낮아지기 때문에 변형의 극짜임은 관객들이 극의 주제에 대해 스스로 판단하도록 배려하는 경향이 강하다. 브레히트(Brecht)의 서사극(Epic Drama), 유럽의 부조리극(Absurd Drama), 그리고 한국의 마당극이 여기에 속한다.

두 가지 유형 중에서 마당극은 변형의 극짜임이 주류를 이루고 있다. 마당극의 뿌리에 해당하는 고전 가면극도 변형의 극짜임을 가지고 있다. 하회별신굿탈놀이는 아홉 마당으로 구성되어 있다. 첫째 마당은 강신마당, 둘째 마당은 무동마당, 셋째 마당은 주지마당, 넷째 마당은 백정마당, 다섯째 마당은 할미마당, 여섯째 마당은 파계승마당, 일곱째 마당은 양반선비마당, 여덟째 마당은 혼례마당, 아홉째 마당은 신방마당이다. 첫째 마당에서 아홉째 마당까지 차례로 공연이 되긴 하지만, 각각의 마당 사이에 긴밀한 인과관계는 약하다. 다섯째 마당에서 다룬 할미의 신세 한탄이 원인이 되어 파계승과 부네가 여섯째 마당에서 만나는 것이 아니므로, 할미 마당이 꼭 파계승마당의 앞에 있어야 할 필요가 없다. 하회별신굿탈놀이의 아홉 마당은 봉건시대의 모순 비판이라는 주제를 구현하기 위해 극짜임 속에 배치되어 있으나, 각 마당의 독립성이 강하여 극짜임의 긴밀성은 아주 약하다.

하회별신굿탈놀이의 느슨한 극짜임은 관객의 출입이 자유로운 야외극장에서 공연하기에 유리하다. 마당의 독립성이 강하므로 극을 처음부터 관람하지 않았더라도 내용 이해에 어려움이 생기지 않기 때문이다. 봉건 사회에서는 민중의 공연을 감시하는 시선이 항상 존재하고 있었다. 그러므로 극에서 하나의 문제에 집중하기보다 서로 연관성이 없어 보이는 사건들을 나열하여 보여주는 편이 비판적 주제를 전달하는 데 있어 유리한 점이 많았다. 하회별신굿탈놀이 공연담당자들은 이러한 점들을 고려하여 변형의 극짜임을 선택한 것이다.

마당극이 형성되기 시작한 1960년대, 세력을 점차 키워나가던 1970년대의 공연 환경은 박정희 정권의 억압으로 인해 봉건시대와 크게 다를 바가 없었다. 마당극 공연담당자들은 고전 가면극의 극짜임이 전통의 계승이라는 연극사적 의미가 있을 뿐만 아니라, 동시대의 모순을 비판하는 데 있어서도 유용하게 활용될 수 있다고 여겨 변형의 극짜임을 적극 사용하였다. 거기에 더하여 브레히트의 서사극, 그리고 부조리극 등이 변형의 극짜임을 사용하였던 점도 영향을 미쳤다.

변형의 극짜임이 마당극의 기본이기는 하지만, 좀 더 상세하게 분석해보면 그 하위에 두 가지 경향의 작품군이 존재하고 있음을 알 수 있다. 첫째는 직렬적 변형의 극짜임이며, 둘째는 병렬적 변형의 극짜임이다. 직렬적 변형의 극짜임은 어느 정도 기-승-전-결의 인과관계를 가지고 있어서 기본형의 극짜임과 유사한 측면이 있으며, 극사건의 시작부터 결과에 이르는 전체 과정을 보여주기에 유용하다. 병렬적 변형의 극짜임은 고전 가면극의 극짜임과 유사한 특징을 가지고 있는데, 각각의 마당은 독립적으로 나열되어 있으면서도 상호보완적으로 극의 주제를 구현하고 있다.

3. 직렬적 변형의 극짜임

직렬적 변형의 극짜임(이하 직렬적 극짜임)을 가진 마당극은 극의 시작에서 마무리에 이르기까지 각 마당들이 느슨하지만 인과관계를 가지고 있다. 마당극이 다섯 마당으로 구성되었다고 가정했을 때, 첫째 마당은 극의 주제 및 극사건과 관련된 가장 기본적인 정보를 제공한다. 첫 마당에서 너무 많은 정보가 제공된다면 극에 대한 궁금증이 줄어들어 관객들이 흥미를 잃게 될 수 있고, 지나치게 적거나 애매할 경우는 관객들이 극을 이해하는 데 어려움을 겪을 수 있다. 관객에게 적절한 수준의 정보를 제공하는 것이 첫째 마당의 핵심이다. 둘째 마당에서는 극사건이 본격적으로 전개되면서, 극의 주동인물(protagonist)과 그에 맞서는 반동인물(antagonist) 사이의 갈등 관계가 선명하게 드러난다. 주동인물이 추구하고 있는 바가 무엇이며, 반동인물이 그와 맞서게 되는 이유가 무엇인지를 관객들에게 정확하게 전달하여야 하는 부분이다. 셋째 마당은 둘째 마당에서 이어진 극사건이 절정에 도달하게 되며, 갈등의 원인이 된 문제의 해결을 향한 전환이 일어난다. 주동인물과 반동인물 사이에 심화되어 오던 갈등이 어떤 방식으로든 해결될 수 있는 조짐이 발견되는 것이다. 넷째 마당은 셋째 마당에서 일어난 전환의 결과를 상세하게 다루면서 극의 주제를 구체화시키고, 극의 결말을 예비하는 부분이다. 주동인물과 반동인물의 대결에서 어느 한쪽의 승리가 분명하게 드러나는 것이 바람직하며, 그 결과가 다섯째 마당의 주 내용을 이루어야 한다. 다섯째 마당은 극 갈등이 종료되는 부분이다. 그 이전의 마당에서 다루었던 극사건의 결과를 다섯째 마당에서 분명하게 확인할 수 있어야 한다.

　〈아름다운 사람, 아줌마 정혜선〉(이하 〈아름다운 사람〉)은 자기 삶의 주인 됨에 대해 다룬 작품이다. 자기 삶의 주체가 되기 위해서는 고정관념에 길들여지기를 거부하는 자각이 필요하고, 자신의 깨달음을 실천에 옮기려는 의지가 중요하다는 점을 강조하고 있다. 비록 나락에 떨어져 있다 하더라도 자기 삶의 주인 됨에 대한 자각이 이루어진다면, 언제든지 새로운 출발이 가능하다는 점을 제시하고 있다. 젊은 세대들 가운데 자신의 의지로 미래를 구축해 나가기보다, 기성세대의 요구에 순응하는 삶을 살아가는 경향이 점점 강해지고 있는 현상을 비판적으로 조망한 것이다.

　〈아름다운 사람〉의 주동인물은 정혜선이라는 여성이다. 그녀는 젊은 시절에 무자각의 불행한 삶을 살았으나, 어떤 계기를 통하여 긍정적 방향으로 자신을 변화시킨 인물이다. 과거에서 현재까지 정혜선의 삶을 시간 순서대로 살펴본다면, 그녀의 삶을 불행에서 행복으로 전환시켜 준 계기를 발견할 수 있게 된다. 이처럼 특정인의 삶이나 특정한 사건의 경과를 시간의 흐름에 따라 순차적으로 살펴보고자 한다면 직렬적 극짜임을 선택하는 것이 적절하다. 〈아름다운 사람〉은 세 개의 화소를 통해 정혜선의 삶을 요약했다. 그것은 불행한 결혼 생활에 시달리고 있던 무자각의 시기, 폭력에 저항하고 동료에 대한 신뢰를 갖게 된 깨달음의 시기, 자기 주도적으로 이상적 결혼 생활을 꾸려나가는 실천의 시기이다. 세 개의 화소가 세 마당을 이루고, 열림과 닫힘 마당이 결합하여 전체 다섯 마당으로 이루어진 극이 되었다.

〈아름다운 사람〉은 셋째 마당을 중심에 두고 첫째와 다섯째 마당, 그리고 둘째와 넷째 마당이 대조적 관계를 가지고 있다. 첫째 마당(판 열기)은 제5회 여성만의 큰 잔치에서 초청 강연이 시작되는 장이고, 다섯째 마당(판 닫음)은 초청 강연이 마무리되는 장이다. 둘째 마당(잘못된 시작)은 남편의 폭력에서 벗어나지 못하고 고통을 겪는 정혜선의 어두운 모습이 그려져 있고, 넷째 마당(더불어 함께)은 자신의 의지로 조태오와 사랑을 꾸려 나가는 그녀의 밝은 모습이 나타나 있다. 둘째와 넷째 마당을 묶어주는 연결 고리 역할을 하는 마당이 셋째이다. 셋째 마당(혼자 가는 길)은 폭력에 대한 두려움을 떨쳐 내고 일어선 정혜선이 고립된 삶에서 벗어나 직장 동료들과 더불어 살아가는 삶에 눈을 뜨는 내용이다. 각각의 마당은 긴밀한 인과관계로 연결되어 있지는 않으나, 작품의 맥락에서 보면 느슨한 인과관계가 존재하고 있다. 이것을 그림으로 그려보면 아래와 같다.

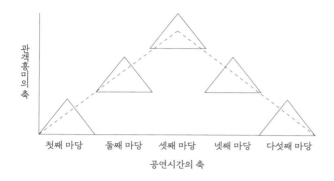

〈아름다운 사람〉의 첫째 마당에서는 관객에게 극 내용의 중요한 정보들을 제공하여, 극의 주제에 대한 관심을 불러일으키고 있다. 극에서 가장 중요한 정보는 주동인물과 중심 사건에 대한 것이다. 〈아름다운 사람〉은 강연회라는 틀을 가지고 있으므로, 주동인물과 중심 사건에 대한 정보를 사회자인 조은정을 통해 직접 설명하는 방식이 자연스럽다. 조은정은 여성만의 큰 잔치라는 이름의 행사가 여성의 성 상품화를 반대하는 모임이라는 사실과 함께 강연자 정혜선을 "아줌마라는 이름을 자랑스럽게 여기"고 있는 여성이라고 소개한다. 기본적인 정보에 이어 주동인물에 대한 좀 더 상세한 정보가 본인의 입을 통해 제공된다.

정혜선 : 아, 재주 없는 지가 어떻게 해서 이 자리에 나왔나 하면예. 두
　　　　달 전인가 노조 문화패에서 결혼을 앞 둔 처자들을 잔뜩 모아

놓고 이야기 좀 하라 캐서 할 수 없이 내가 살아온 이야기를 했디이, 그게 재미있다고 여기저기서 자꾸 해달라캐서 이래 됐뿟다 아입니꺼. (관객으로부터 무슨 소리를 들은 듯) 그게 아입니더. 원래 유명해서가 아이고예, 노조의 문화패 짱이 지 남편이거든예, 돈은 한 푼도 없는데 행사는 해야된다꼬 살살 꼬실리서 그만 이래 설치게 됐심더.

그녀가 사회적 지위가 높은 전문 강사가 아니라 공장에서 일하고 있는 평범한 노동자이며, 그녀뿐만 아니라 남편까지 노조의 일에 열성적으로 참여하고 있다는 사실을 알 수 있다. 첫째 마당에서 알려진 정보를 취합하면, 정혜선은 자신이 깨달은 바를 많은 사람들과 공유하고자 하는 여성이며, 〈아름다운 사람〉의 주제가 그녀의 깨달음과 관계있다는 사실을 관객들은 짐작하게 된다.

둘째 마당은 정혜선의 불행한 결혼 생활에 관한 이야기이다. 정혜선이 선을 보고, 결혼하고, 이혼하는 과정이 순차적으로 나타나기 때문에 둘째 마당만의 완결성을 가지고 있다. 그러므로 첫째 마당과 분리된 독립성이 강하게 느껴지지만, 정혜선이 강연에서 이야기하고 있는 내용이라는 의미에서 연결성을 가지고 있다. 둘째 마당은 극의 갈등을 구체화하여 제시한다. 극의 주동인물은 정혜선이며, 그녀와 갈등을 일으키는 반동인물은 남편 홍광표이다. 정혜선은 혼기를 놓친다는 불안

감으로 홍광표와 결혼하였는데, 연애 기간이 길지 않아 상대를 제대로 알지 못하는 상황이었다. 주위 어른들은 "남자 다 똑같데이. 이래 만난 것도 인연인기라. 여자하기 나름 아이가. 남자를 하늘 겉이 여기고 살면 되는기라"는 식으로 그녀의 결혼을 밀어붙인다.

결혼 직전에 남편의 폭력성을 알게 되었지만, 그것도 사랑의 표현이라는 말에 설득되어 넘어간 것이 실수였다. 신혼 초부터 남편의 가정 폭력은 점점 더 강해졌으나, 정혜선은 스스로 해결책을 찾지도 못하였으며, 주위에 알리고 도움을 받을 생각조차 하지 못하였다. 가부장제도가 만든 현모양처, 출가외인 식의 사고에 그녀가 길들여져 있었기 때문이다. 그러므로 둘째 마당에서 정혜선은 홍광표의 폭력에 무방비 상태로 노출된 채 정신 이상 증세까지 얻는 불행한 인물일 뿐이다. 강사로 나선 현재의 정혜선을 통해 그러한 상황에 대한 문제 제기가 이루어진다.

조은정 : 히야, 멋있다. 사나이의 눈물이라. 고등학교 때 영화를 보다가, 눈물 흘리는 주윤발을 보고 완전히 반했지요. 싸나이의 눈물은 여자를 약하게 만든다!

정혜선 : 쯔쯔쯔, 저 방정맞은 조동아리. 그때 조심해야 되는기라. 가정에서 폭력적인 남자들이 바깥에서는 인간성 좋은 사람 소리 듣는 거 모리나? 결혼하기 전이라면 애초에 그만 둬야 된데이. 여자한테

손질하는 인간 그 버릇 고치기 정말 힘든기라. 내 봐라. 그때 누가 내한테 이런 이야기만 해주었어도 내 인생이 달라졌을낀데… (관객을 향해) 말 난 김에 여기 있는 처자들한테 해줄 말이 있는데요. 연애 시절에 주먹질 하는 남자하고는 애초에 헤어집뿌이소. 그 남자가 세상에서 제일 잘 생긴 사람이라케도 결혼, 절대 안됩니더.

봉건제도의 잔재가 강하게 남아 있는 한국에서는 남성의 폭력을 남성다움으로 미화하는 경향이 있다. 거기에 대해 정혜선이 반박을 하면서 "그때 누가 내한테 이런 이야기만 해주었어도 내 인생이 달라졌을낀데"라고 안타까워한다. 관객들은 과거 정혜선의 무력한 모습을 보았기 때문에 현재 정혜선의 발언에 쉽게 동의하게 되며, 그녀의 깨달음을 자신의 것으로 받아들이게 되는 것이다.

〈아름다운 사람〉은 두 명의 배우가 다양한 극인물을 만들어낸다.
두 명의 역할은 판소리의 창자와 고수의 관계를 연극적으로 재해석한 것이다.

셋째 마당은 극의 흐름을 바꾸는 전환의 부분이다. 둘째 마당에서 보았던 무력한 정혜선이 강한 정혜선으로 바뀌며, 그러한 변화를 가능하게 만든 계기를 보여주는 것이 셋째 마당의 핵심이다. 친정으로 온 정혜선은 안경공장에 취업하여 새로운 생활을 꿈꾸지만, 이혼녀라는 사실과 폭력으로 생긴 무력감으로 인해 동료들과 담을 쌓고 지낸다. 그렇게 지내던 중에 그녀는 우연히 공장의 간부 윤실장이 여성 노동자를 구타하는 현장을 목격한다. 공장에서 벌어지는 윤실장의 폭력은 정혜선이 당했던 일이 개인적인 문제가 아니라, 가부장제가 만들어낸 사회적 모순의 하나라는 점을 보여주고 있다. 윤실장이 안경공장의 유력자이므로 그녀는 애써 그 장면을 외면하려 하였으나, 억울하게 당하고 있는 김양에게서 과거 자신의 모습을 발견하였다.

> 정혜선 : 그때 어디서 그런 용기가 났는지, 내가 어째 그런 말을 할 수 있었는지 지금도 모르겠심니더. 남편이 때리면 맞고, 죽으라면 죽는 시늉을 하며 살아오던 내가, 남자만 보면 가슴이 두근거려 눈길도 마주치기 어렵던 내가 어데서 그런 용기가 났는지… 맞고 있는 김양을 보는 순간 가슴이 터질 것 같고, 눈앞이 캄캄해지데예. 김양보고 그래 살면 안 된다고 소리 지르고 싶고……. 윤실장이 김양을 패는 걸 보고 나도 모르게 나서기는 했는데, 우째야 될지 모르겠데예. 그때 주위의 동료들을 보니 말은 안 해도, "니 잘하고 있다. 용기를 내라"고 눈으로 말하고

있습디더. 다른 사람들은 내보고 용기가 있다카는데예, 사실은 우리 모두의 힘인기라예. 주먹질하는 기 나쁘다 카는 걸 아는 사람들이 다 나섰기 때문에 해결 된 거 아이겠심니꺼?

그녀가 나선 것은 무의식적으로 터져 나온 행동이었다. 여성이 힘으로 남성을 이겨낼 수는 없다. 정혜선은 못 본 척 일하고 있는 주변의 동료들에게 도움을 청하였고, 주저하면서도 용기를 내어 나선 동료들 덕분에 사태는 해결되었다. 그 사건은 회사의 동료 노동자들과 담을 쌓고 지내던 정혜선의 생각을 바꾸어 놓았다. "죽는 시늉"까지 하며 살아온 잘못된 삶을 바꾸어 나가려면 연대의 힘이 필요하다는 깨달음을 얻은 것이다. 정혜선은 "대학물 먹었다고 저 사람들하고 다른 사람처럼 행동했던" 잘못된 인식에서 벗어나 공장 노동자로서 충실한 생활을 하기 시작한다. 그녀가 깨달은 "사람 사는 이치"는 "세상의 주인은 나다. 그러나 더불어 살아가는 기쁨을 모르면 참 주인이 못되는기라"로 요약된다.

셋째 마당에서 정혜선은 용기와 연대라는 깨달음을 얻었고, 이를 통해 삶의 태도를 바꾸었다. 이 부분이 극의 전환점에 해당하며, 여기서 이야기의 흐름이 바뀌게 된다. 이제까지 무자각의 삶을 살아온 정혜선을 보아 왔다면, 이제부터는 자기 주체적인 삶을 살아가는 그녀의 모습을 보게 된다. 넷째 마당은 정혜선이 조태오와 만나고 결혼하기까지의 이야기를 다루고 있는데, 둘째 마당과 마찬가지로 독립성이 강하다. 셋째 마당과 직접 인과관계를 맺는 사건은 없으나, 정혜선이 자신의 깨달음을 어떻게 실천하고 있는지 보여주는 마당이라는 점에서 연관성을 가지고 있다.

넷째 마당은 자기 삶의 주인으로 살아가는 정혜선의 모습을 보여주고 있다. 그녀의 모습은 둘째 마당과 대비가 되는데, 조태오와 결혼을 주도적으로 결정하는 과정에서 어떤 차이가 있는지 명확하게 드러난다. 정혜선이 풍물패에 가입을 하고 나서, 거기서 풍물강사로 있던 조태오를 만났다. 조태오는 정혜선에게 마음을 두고 있고, 주위 동료들도 두 사람의 연애를 적극 권유하지만 그녀는 떠밀려가지 않는다. 자신이 깨달은 바를 현실에 적용해 가는 삶, 즉 자기 삶의 주인 됨을 실천하고자 하는 것이다.

정혜선 : 새로 태어났다는 이야기를 자꾸 해샀는데, 우짜는 게 새로 태어나는 건데요? … 결혼해도 내한테도 주먹 안 쓴다는 보장이 어디 있는교? … 잘 해준다꼬예? 잘 해주는게 먼데요? … 밥도, 빨래도, 청소도 조씨가 다하는 게 잘 해주는건교? 그런 거 가주고 아내한테 잘해준다 카는 거 보이 조씨는 혼자 사는 게 딱 맞겠심더. 남자들은 여자들이 원하는 행복이 좋은 옷이나 입고, 철따라 놀러나 가고, 집안일에서 손 놓는 거라고 착각하는 데예. 여자들이 바라는 행복은 그런 기 아입니더. … 답답한 소리 자꾸 하지 마이소. … 나는예 풍물 같은 가정을 꾸미고 싶어예.

… 뭐, 소리냐고요? 그것도 모리면서 풍물 한다 소리 하는교?

그거 알거든 찾아오소. (벌떡 일어서서 나간다)

　　둘째 마당에서 정혜선은 "에라! 시집이나 가자"라는 생각에서 선을 보기 시작했고, "에라, 누구라도 내 좋다카면 얼른 가자"라는 심정으로 결혼을 결정했다. 그러나 넷째 마당의 정혜선은 다르다. 정혜선도 조태오가 싫진 않지만 그가 지닌 가부장적 인식은 잘못되었다고 판단한 것이다. 그녀의 생각을 이해한 조태오는 "평등하게 사랑하는 친구로서 민주적 가정"을 이루겠다고 다짐한다. 회사 동료들과 어울려 지내면서 정혜선은 민주적 연대의 가능성을 믿게 되었고, 그러한 성장이 그녀를 자기 삶의 주인이 되도록 만든 것이다. 넷째 마당은 셋째 마당에서 이루어진 극의 전환을 이어서 발전시켜 극의 주제를 부각하였다. 정혜선의 밝고 힘찬 모습은 둘째 마당의 무기력한 그녀와 대조되면서 관객에게 강한 기억을 남기게 된다.

　　다섯째 마당은 극을 마무리 짓는 기능을 수행한다. 넷째 마당을 이어서 극의 주제를 한 번 더 강조하고, 관객에게 감동의 여운을 남기는 것이 중요하다. 〈아름다운 사람〉의 다섯째 마당은 첫째 마당과 대조된다. 다섯째 마당은 강사 정혜선이 초청 강연을 마무리하는 장으로 설정되어 있고, 실제로는 〈아름다운 사람〉의 공연이 끝나는 장이다. 정혜선의 초청 강연이라는 극적 장치를 가지고 있으므로, 다섯째 마당에서는 그녀의 강연 마무리 인사를 통해 극의 주제를 강조하였다.

> 정혜선 : 제 인생살이 이야기는 끝났심더. 마지막 하고 싶은 이야기가
> 뭔가 하면예. 우리는 다 같은 사람이라는 생각을 해야 되예. 능
> 력이야 넘고처지는 차이가 있겠지만, 서로 돕고 생각해 주면서
> 살아가믄예, 여자라서 서럽고 남자라서 어떻다는 게 어디 있겠
> 는교. 우리도 이 세상의 한 부분 아인교. 세상 모든 이치가 그렇
> 듯이 이 세상의 남녀 모두도 그렇게 어울려 존중하며 살아가야
> 겠지예.

이어지는 노래 〈둥당에 타령〉은 관객의 흥을 북돋우는 역
할을 한다. 첫째 마당에서 이미 노래를 배웠기 때문에 관객들
은 같이 부르거나, 박수로 장단 맞추며 호응할 수도 있다. 낯
선 이들과 함께 하는 극장에서 관객들이 다 같이 노래 부르거
나, 박수로 호응하는 일은 쉽지 않다. 그러므로 관객과 함께
부르는 노래로 극의 마무리를 함께 하는 것은 정혜선이 깨달
았던 용기와 연대에 대한 의미를 관객들이 받아들여 실천하는
의미를 가진다 하겠다.

〈아름다운 사람〉은 마당극의 직렬적 극짜임의 강점을 적
극적으로 활용하였다. 직렬적 극짜임은 정혜선이 불행한 삶
에서 벗어나 행복한 삶으로 나아가는 전체 과정을 순차적으

로 보여주므로 관객의 이해도를 높일 수 있다. 그러면서도 마당극의 직렬적 극짜임은 각각의 마당이 지닌 인과관계가 느슨하고, 각 마당의 독자성이 강하기 때문에 관객의 정서적 몰입을 의도적으로 차단하는 효과를 가지고 있다. 주체적 삶을 살아가고 있는 강사 정혜선이 과거로부터 현재에 이르는 삽화들의 사이사이에 개입하고 있고, 또 둘째, 셋째, 넷째 마당이 각각 독자성이 강한 이야기를 가지고 있어서 정혜선의 삶에 대해 관객은 한 발 떨어진 위치에서 바라볼 수 있게 된다. 〈아름다운 사람〉의 직렬적 극짜임은 정혜선이 불행에서 벗어나 행복한 삶을 어떻게 얻을 수 있었는가에 대해 관객들이 판단하도록 유도하고 있다.

4. 병렬적 변형의 극짜임

병렬적 변형의 극짜임(이하 병렬적 극짜임)의 마당극은 각 마당의 독립성이 강하다. 각 마당은 인과관계에 의해 연결되어 있지 않지만, 한 편의 극 안에 모여 있으면서 주제의 구현에 기여하고 있다. 다섯 마당의 마당극이라면, 대체로 첫째 마당은 극의 주제와 극 전개에 필요한 정보를 담고 있다. 마당극은 관객의 참여를 중요시하고 있으므로, 첫째 마당에서 관객의 능동성을 높이기 위한 극적 기법들이 집중 배치된다. 극의 소재와 관련된 문제를 내어 답을 맞춘 관객에게 선물을 준다든가,

이끔이(leader) 배우를 따라 노래와 율동을 함께 하며 배우기도 한다. 다섯째 마당은 극의 주제를 다시 한 번 강조하는 이야기가 배치되거나, 공연담당자와 관객이 함께 어울리는 뒤풀이가 자리하기도 한다. 야외극장에서 공연하는 경우에는 마지막 마당을 공연담당자와 관객이 함께 어울리는 자리로 만들기 용이하지만, 실내극장은 그렇지 않으므로 다양한 공연기법으로 뒤풀이의 효과를 만들어내고 있다.

그 이외의 중간 마당들은 화소가 서로 연결되어 있지 않으므로, 각 마당의 연결 순서가 크게 문제 되지 않는 경우가 일반적이다. 예를 들어 〈아름다운 사람〉은 둘째, 셋째, 넷째 마당의 순서를 바꾸거나, 한 마당을 생략하면 극이 성립되지 못한다. 거기에 비해 〈천일야화〉는 중간 마당 중 어느 하나가 생략되거나, 공연 순서가 바뀌어도 극의 주제를 이해하는 데 무리가 없다. 병렬적 극짜임은 공연 조건의 변화에 유연하게 대응할 수 있는 장점을 가지고 있다. 공연 시간의 단축이 필요한 경우 한두 마당을 생략할 수도 있고, 극 내용의 어느 부분에 특히 관심이 큰 관객 집단이 있다면 마당의 순서를 바꾸어 공연하는 것도 가능하다. 중간 마당을 따로 떼어 공연이 가능한 점도 특기할 만하다. 중간 마당의 공연 시간은 대체로 30분 미만이므로, 작품의 주제와 깊은 관련이 있는 행사와 결합하여 공연하기에 적당하다.

〈천일야화〉는 다섯 마당으로 구성되어 있다. 첫째 마당은

'교육지책(教育之策)은 일일지계(一日之計)라', 둘째 마당은 '천년 만년 살고지고', 셋째 마당은 '네 꿈은 내가 결정해', 넷째 마당은 '기획양육의 시대라', 다섯째 마당은 '난 꿈이 있어요'라는 소제목을 가지고 있다. 이 모든 마당은 한국 중등교육의 모순에 대한 비판과 대안 제시라는 주제에 의해 연결되어 있지만, 각각의 마당은 인과관계로 묶여 있지 않다. 고전 가면극의 극짜임과 동일한 방식이라 말할 수 있을 것이다.

〈천일야화〉는 한국의 교육 현실을 비판하면서 그러한 문제를 극복할 수 있는 대안을 제시하고자 한다. 오직 명문대학 진학만을 최상의 가치로 여기고 있는 중등교육의 문제점을 드러내고, 획일적 교육이 아니라 학생들의 다양성을 살리는 교육이 필요하다는 사실을 강조하였다. 한국의 중등교육이 정상적이지 않다는 점에 대해 부정하는 사람들은 찾아보기 어렵지만, 그 해결책에 대해서는 의견이 분분하여 하나의 방안으로 절대 귀결될 수 없다. 마당극의 병렬적 극짜임은 누가 보아도 분명한 문제의 제기나 해법의 제시가 어려운 교육 문제를 다루기에 효과적이다. 마당극의 병렬적 극짜임은 현상의 다양한 측면을 극화하여 보여주기에 유리하므로, 대상을 바라보는 여러 입장이 작품에 반영될 수 있다는 장점을 가지고 있기 때문이다.

다섯 마당은 〈천일야화〉를 구성하고 있으나, 각 마당은 독자성이 강하다. 각각의 마당은 작은 극짜임을 가지고 별개의 이야기를 전개하고 있다. 〈천일야화〉의 병렬적 극짜임을 도식화하면 아래와 같다.

첫째 마당은 관객이 〈천일야화〉를 이해하는 데 필요한 정보를 제공하고 있다. 극의 주제를 전달하고, 극이 어떤 방식으로 진행될 것인지를 관객에게 설명한다. 〈천일야화〉의 첫째 마당은 현재 공연을 하고 있는 배우들이 실명으로 출연하고 있는데, 그들이 이번 작품을 위해 공동창작하면서 겪었던 경험을 소개하는 방식으로 관객에게 극의 주제를 전달한다. 이러한 방식은 〈천일야화〉에서 다루는 교육 문제들이 특정한 교육관을 지닌 전문가에 의한 문제 제기가 아니라, 지금 현재 이 땅을 살아가는 모든 사람들이 겪고 있는 현실적 문제라는 사실을 강조하는 효과를 낳는다. 이번 작품의 제목이 〈천일야화〉로 결정된 과정을 소개하면서, 교육 제도 한두 개를 고쳐서 우리의 교육 문제가 해결되지 않는다는 점을 강조하고 있다.

조인재 : (단호하게) 대학입학시험을 없애면 돼.

서민우 : 그러면?

조인재 : 수험생 모두가 원하는 대학에 가는 거지!

탁정아 : 전부 서울로 가면? 취직 잘되는 과로 전부 몰리면?

조인재 : (좀 자신은 없지만) 배정하면 되지!

박희진 : 뭘로?

조인재 : (좀 더 자신이 없지만) 시험 말고, 학생 추천서, 뭐 이런 걸로.

탁정아 : 추천서에도 등수가 매겨지겠네?

조인재 : (자신이 많이 없어졌다) 에이, 뭐가 이래 복잡노!

박희진 : 봐라! 답이 없는 거 맞제. 학생 부담 던다고 시험 과목 줄이더
니, 교육 정상화한다고 늘였다가, 갑자기 또 줄인다 카고. 대학
졸업정원제 하더니, 바로 폐지하고, 대학 숫자를 마구 늘여놓
더니 느닷없이 구조 조정 한다 카고…,

탁정아·조인재 : 천-일-야-화네!

　

다른 배우들과 토론하는 동안 조인재는 교육 문제의 해결이
어렵지 않다고 주장하였다. 그러나 그가 제시하는 해답을 따
라 가다 보면 이해관계가 상충되는 이들과 만나 또 다른 문제
에 부딪히게 된다. 조인재는 그 자신의 입장에서 문제를 제기
하고, 대안을 찾고 있기 때문에 입장이 다른 이와 만났을 때 충
돌이 일어날 수밖에 없다. 배우들은 "교육에 관한 한 우리 모
두가 피해자이면서, 또 가해자"라는 입장에서 교육 문제에 접
근하여야 대안을 모색할 수 있다는 점을 깨달았다. 이를 통해

〈천일야화〉의 각 마당은 다양한 입장에서 제기되는 교육 문제를 반영하고 있으며, "답을 제시하는 연극이 아니라, 올바른 교육에 대해 함께 생각해 보는 자리"를 만들기 위한 공연이라는 점이 관객에게 전달되는 것이다.

둘째 마당은 학벌 패거리에 대한 비판을 담고 있다. 둘째 마당은 독자적 인과관계를 가진 독립성 강한 이야기이며, 첫째 마당과 극사건의 연결성은 없다. 둘째 마당은 하회별신굿탈놀이의 양반선비 마당을 변용한 것인데, 성골과 부네가 놀고 있는 자리에 진골이 끼어들어 다툼이 일어난다. 그러나 성골과 진골은 학벌로 뭉친 왕골족이므로 금세 의기투합한다. 왕골족의 입장에서 세상은 왕골과 등골, 무골의 세 부류로 구성되어 있다.

성골 : 학벌이랄 게 없어 그냥저냥 되는 대로 사는 놈들을 무골이라 하고,

부네 : 으응! (얼씨구)

성골 : 학벌 덕에 세세손손 승승장구하는 사람들을, 왕-골이라 하오.

부네 : 으응! (맞아요, 맞아)

진골 : (아는 체하며) 아, 무골호인(無骨好人)이란 말이 거기서 나온 말이구려.

성골 : 왜 아니겠소. 학벌이 없으니 말이라도 잘 들어야 먹고 살 게 아니오.

진골 : 그럼 등골들은 어떤 족속들이오.

성골 : (등골을 가리키며) 공부한답시고 온 집안을 발칵 뒤집어 생난리 쳐놓고는 겨우겨우 너저부리한 대학을 나온 족속들이오. 관심 둘 것 없는 놈들이요.

학벌 덕에 세세손손 승승장구하는 왕골족은 서로 이익을 챙겨주면서 부정과 부패를 은폐해주고 있다. 이들의 모습은 "귀족초등학교도 만들고, 국제중도 만들고, 특목고, 외고, 자율고도 만들어 평준화를" 폐지함으로써 특권적 학벌을 형성하고자 하는 사회적 세력에 대한 풍자이다. 둘째 마당의 마지막에 등장한 반골은 "왕골가문을 증명하는 귀한 문서", 즉 가짜 졸업장을 들고나와 관객에게 팔려고 한다. 특권적 학벌에 끼어들기 위하여 너도나도 학력 세탁에 나서는 풍조를 비판하는 것인데, 반골이 팔려는 물건들을 관객이 거절함으로써 비판이 완성된다.

셋째 마당은 자신의 미래를 스스로 결정할 수 없는 청소년들의 상황을 다루고 있다. 역시 둘째 마당과 이야기의 연결성은 없다. 재봉과 명아는 같은 고등학교에서 일이 등을 다투는 수재들이다. 그들의 부모와 진학부장은 아이들을 서울대학교 경영대와 의대에 진학시키고 싶지만, 재봉과 명아는 실용음악과에 갈 계획을 가지고 있다. 두 명은 부모 몰래 뮤지컬 공연을 준비하고 있었으나, 진학부장에게 들켜 부모가 호출당해온 것이다. 부모와 진학부장은 아이들의 꿈이 무엇인지에는 관심이 없다.

여학생 : 엄마, 제가 왜 서울대에 가야 해요?

학부모 : (강하게) 1등이니까!

여학생 : … 그건 … 내 꿈이 아니었어.

학부모1 : 얘가, 얘가…, 너가 그렇게 착하던 내 딸 맞니?

여학생 : 착했던 게 아니고, 용기가 없었던 거야.

학부모2 : 아이구, 내가 미치겠네.

여학생 : 재봉이하고 저는 약속 했어요. 우리의 꿈을 소중하게 키워나가
기로…

　공부를 잘 하면 무조건 경영대나 의대로 가야 한다는 재봉과 명아의 부모가 지닌 고정관념이 아이들의 꿈을 꺾어 버리고 있다. 재봉과 명아는 그들의 꿈을 키워나가겠다고 고집부려보지만 부모의 욕심을 이길 수 없다. "사실 이 말을 하는 나도 교육자로서는 부끄러움을 느낀다. 그래도 나는 너의 꿈을 지지해 줄 수가 없다. 이 세상이 어떠한 곳인지는 너보다 더 잘 알기 때문이야. 명아야, 이 세상은 승리자의 것이야"라는 진학부장의 마지막 말이 그 점을 알게 해준다.

　넷째 마당은 부모들이 아이의 미래를 결정해 버리는 모순을 비판하고 있다. 자식을 판검사로 만들기 위한 계획을 실천하려 애쓰는 현수와 수연의 사연이 순차적으로 이어진다. 교육비가 많이 드는 현실을 고려하여 아이는 하나만 낳고, 조기영어교육과 특목고에 입학시키기 위해 온갖 방법을 동원한다. 현수와 수연은 왜 이렇게 조바심을 내는 것인가.

엄마 : 애 아빠한테는 출세에 도움 되는 변변한 친구 하나 없어요.

고모 : 그게 뭐 어때서.

엄마 : 내가 왜 우리 애를 그 비싼 사립 초등학교에 보냈겠어요? 애 친구 집 중에는 말만 하면 알만한 집이 수두룩해요. 그런 친구들이 앞으로 애한테 큰 힘이 될 거란 말이에요.

고모 : 그래, 그래. 특목고 넣었으면 됐잖아.

아빠 : 누나 그게 아니야. 우리처럼 별 볼 일 없는 집안은 거기서도 계속 무시 당한다구. 판검사라고 다 똑 같은 줄 알아? 서울대는 나와야 기 피고 살지. 앞으로 결혼 상대자의 집안이 달라질 거라구. 알겠어?

현수와 수연은 사회생활을 하면서 학벌이 가진 엄청난 힘을 경험하였다. 학연을 매개로 뭉쳐서 이익을 지키고 있는 그들의 횡포에 절망하였다. 그러나 그 모순의 근원을 정확히 보지 못하였기 때문에 현수와 수연은 학벌의 권력 속으로 아이를 편입시키려는 잘못된 방법을 선택한 것이다. 우리 사회에 수많은 현수와 수연이 존재하고 있는 현상을 도창은 "부모의 욕심대로 아이 인생을 이리저리 끌고 다녀도 되는 건지 물어보는 사람들은 하-나- 없구나"라고 비판한다.

둘째, 셋째, 넷째 마당의 이야기는 인과관계에 의해 연결되어 있지 않지만, 학벌 사회가 안고 있는 폐해를 드러내고 있다는 공통점을 가지고 있다. 성골과 진골이 등장하는 둘째 마당은 가면극, 재봉과 명아의 꿈을 그린 셋째 마당은 일반적 대화극이고, 넷째 마당은 부분의 독자성이 강조된 판소리 공연 방식이 응용되어 있어서 극형식적으로도 서로 다르다. 이러한 세 마당은 학벌 사회를 비판적으로 바라보는 시각이 동일하게 자리하고 있기 때문에 관객들은 우리 사회의 곳곳에 만연하고 있는 모순을 반복하여 접하게 된다. 이를 통해 학벌 사회의 모순을 극복하기 위한 대안 마련이라는 〈천일야화〉의 주제가 관객들에게 각인되는 것이다.

다섯째 마당은 극의 마지막에 배치되어 극의 주제를 관객에게 한 번 더 강조하는 역할을 한다. 둘째, 셋째, 넷째 마당이 교육의 문제를 보여주고 있다면, 다섯째 마당에서는 대안을 제시하고 있다. 다섯째 마당의 이끔이 배우는 "경쟁이라는 단어를 우리 머릿속에서 지우고, 자기가 진정으로 좋아하고 잘할 수 있는 일을 발견할 수 있도록 도와주는 것, 그리고 이 세상은 함께 살아가는 곳이라는 깨달음을 심어주는 것이 진정한 교육"이라고 말한다. 이끔이 배우의 주장은 꼭두각시극으로 형상되는데, 연극인, 양념 전문가, 바이올린 연주자로 성장한 이상적 교육 제도를 갖춘 어느 나라 친구들의 사연이 소개된다. 한국의 교육 환경과 너무 다른 곳에서 성장하였기 때문에 그들이 자신의 꿈을 키울 수 있었다는 사실을 관객들은 알게 된다. 이때 극장은 무대(이상적인 교육 환경이 존재하는 곳)와 객석(경쟁과 억압이 지배하고 있는 교육 환경의 한국)으로 나누어진다.

친구2 : (관객석을 가리키며) 저 사람들이 불쌍해.

친구3 : 그래도 어쩔 수 없어.

친구2 : 우리가 아는 행복의 비결을 저 사람들에게 이야기해주면 안 될까?

친구1 : 글쎄다? 안 될걸.

친구2 : 왜?

친구4 : 저 사람들의 머릿속에는 다른 사람들을 이겨야 내가 잘된다는
생각으로 가득 차 있거든.

친구3 : 어릴 때부터 지금까지 배워 온 게 그것뿐이어서 그럴 거야.

그 경계를 허무는 동력은 자신이 알고 있는 바를 실천하려는 무대의 인물들에게서 나온다. 이 세상은 함께 살아가는 곳이어야 하므로, 경쟁을 부추기는 교육은 잘못되었다는 사실을 무대의 친구들이 관객들에게 이야기하는 것이다. 내 자식이 피해를 보지 않는다면, 한국의 교육 제도를 개선하기 위한 운동에 구태여 참가할 필요가 없다고 생각하는 우리 사회의 보편적 풍조에 대한 비판이다. 이상적인 교육제도를 갖춘 어느 나라에 살고 있는 무대의 친구들이 무대와 관객석을 가로막고 있는 벽을 부수고 나와 관객에게 손을 내민다. 그 친구(배우)들이 내민 손을 관객들이 잡음으로써 인간 중심의 교육 환경이 필요하다는 주장에 동의를 표하는 것이다.

〈천일야화〉의 다섯째 마당에서 인형으로 연기하던 배우들이
인형극무대를 부수고 나와 관객에게 악수를 청한다.

〈천일야화〉의 병렬적 극짜임은 다양한 입장의 교육 문제
를 하나의 작품 속에서 다루기에 적절하다. 둘째 마당은 학력
차별에 의한 폐해를 입고 있는 고학력자들의 입장, 셋째 마당
은 성적을 올려 상위권 대학의 취업에 유리한 학과에 가기를
강요받고 있는 청소년의 입장, 넷째 마당은 자신이 받은 학력
에 대한 상처를 자식을 통해 풀어보려는 부모의 입장이 담겨
있다. 그러므로 연령층이 다양한 관객들의 호응을 얻기에 유
리한 점이 있고, 자신과 다른 입장에 대해서도 함께 생각해 볼
수 있는 기회를 만들어 줄 수 있다. 둘째, 셋째, 넷째 마당은 독
립성이 강하기 때문에 교육 문제에 대한 토론회 혹은 중등학
교 교육 제도 개선을 위한 모임 같은 곳에서 한 마당만 따로
공연할 수도 있다. 필요에 따라 한두 마당만 가지고도 공연이

가능한 것이 병렬적 극짜임이 지닌 큰 매력이다.

5. 관객의 감정 이입(移入)과 이출(移出)

극 공연에서 관객은 극인물에 감정을 이입하여 극사건을 간접 체험한다. 극에 감정이 이입된 관객은 배우들의 연기를 보고 있다는 사실을 알고 있으면서도, 감정적으로는 실제 일어나고 있는 상황을 목격하는 것으로 받아들이게 된다. 이러한 경우를 극에 몰입되었다고 표현한다. 기본형 극짜임의 의도는 화소의 인과관계를 촘촘하게 연결시켜서 관객의 감정이 극에서 이출되지 않도록 하는 것이다. 긴밀한 극짜임은 원인에 의해 만들어진 결과가 다시 다음 화소의 원인이 되는 방식으로 관객의 몰입도를 높여나간다. 극에 몰입된 관객은 공연 상황을 극인물과 동일한 입장에서 받아들이게 되므로, 극에서 제시하는 의견에 일방적으로 동의하게 된다.

〈소〉(1935)는 유치진을 대표하는 작품으로 늘 거론이 되고 있다. 〈소〉는 기본형 극짜임의 모범이라 해도 좋을 정도로 긴밀한 인과관계를 잘 활용한 작품이다. 농사를 지어 그럭저럭 먹고 살고 있는 말똥이 집에 보물같이 귀한 소 한 마리가 있다. 말똥이의 결혼 상대자인 귀찬이가 집안의 빚 때문에 기생으로 팔려가게 되자, 말똥이의 아버지는 소를 팔아 빚을 갚아 주고 두 사람을 결혼시키려 한다. 그 사실을 알게 된 동생 개똥이는 자신의 장사 밑천으로 쓰기 위해 가족 몰래 소를 팔려다 들켜 형에게 치도곤을 당한다. 그러나 그 소는 마름이 그동안 밀린 빚을 대신하여 끌고 가버리게 되고, 귀찬이를 구하지 못해 실성하다시피 한 말똥이는 마름의 집에 불을 지르고 만다.

유치진은 소를 매개로 하여, 극의 화소들을 인과관계에 의해 긴밀하게 연결시켜 관객의 몰입도를 높이는 데 성공하였다. 1930년대 중반 식민지조선에서 궁핍하게 살아가고 있던 관객들은 극에 쉽게 몰입하게 되고, 말똥이가 겪는 고통을 자신의 것으로 바로 받아들이게 되는 것이다. 말똥이의 경우처럼 한순간에 나락으로 떨어져 내릴 수 있는 모순 속에 자신이 놓여 있다는 사실을 관객들은 〈소〉에서 다시 확인하게 된다. 이처럼 몰입을 요구하는 극짜임을 가진 작품을 관람하는 관객들은 수동적일 수밖에 없다. 관객의 감정이 극인물의 감정과 일치하고 있기 때문이다. 그로 인하여 극작가의 실수나 의도적 왜곡도 비판 없이 관객들이 그대로 수용해 버리는 문제가 발생하기도 한다.

〈소〉의 한 장면을 보기로 하자. 밀린 소작료를 갚지 않으면 빌려 쓰고 있는 농지를 빼앗기게 된다는 소문에 놀란 귀찬이 아버지는 딸을 일본의 유곽으로 팔아넘기고, 그 돈으로 빚을 갚으려 한다. 그 말을 들은 말똥이의 어머니는 놀라거나 슬퍼하지 않고 오히려 부러워한다.

처 : 에그 댁에는 딸을 잘 가져서 보통이 신세는 면하시겠구려. 우리 집
　　에는 사내새끼가 둘이나 있으면서 무슨 팔자소관으로 그런지 사람
　　의 간장을 이처럼 썩이는구려. 한 자식은 배 타러 다닌다구 떠댕기
　　다가 집에 들면 농사짓는 것을 업수이 여기구 한 자식은 여태 근실
　　이 잘 하던 놈이 버쩍 오늘부터 병든 황소 같이 들어 자빠지니……
　　우리 집안에는 무슨 망조가 든거야요. 그렇지 않으면 이럴 리가 없
　　어요.

귀찬이 부 : (일어서며) …… 게집애가 나서 귀찬스럽다구 해서 개 에미가
　　　　　　귀찬이란 이름을 붙였지요. 그랬는데 그게 데려 우리한테
　　　　　　덕을 뵈겠지요. 이힛힛.

　딸을 팔아 궁핍을 면하려는 행위는 정상이 아니다. 부모로
서 도저히 할 수 없는 일을 한 귀찬이 아버지에게 말똥이 어
머니는 다행이라고 말하고, 귀찬이 아버지도 생각하지 못했
던 복이 굴러 들어와서 기쁘다고 답한다. 이러한 비정상적 상
황은 관객들이 두 사람의 대화를 듣고 어처구니없어 쓴웃음을
짓게 되는 비희극적 상황을 연출하려는 유치진의 의도에서 나
왔다. 그러한 의도가 충분히 달성되었다고 말할 수도 있겠지
만, 아쉬움이 많이 남는 장면이기도 하다.
　말똥이의 어머니(처)가 귀찬이의 운명에 대해 전혀 고려하
지 않고 있다는 것이 문제이다. 팔려 가는 젊은 여성들의 삶이
어떻게 망가질지 분명히 알고 있으면서도, 말똥이의 어머니는
일언반구 없이 귀찬이 아버지의 말에 동의하고 있다. 말똥이

의 어머니가 다른 여성의 삶에 무감각한 여성 인물이라는 점이 문제인데, 자신의 며느리로 삼으려 했던 귀찬이가 나락으로 떨어지는 상황을 보면서도 감정의 동요가 전혀 일어나지 않는 인물의 설정은 지극히 비현실적이다. 그럼에도 불구하고 극에 감정 이입이 되어 있는 관객들은 동정적 마음으로 그들을 지켜보게 되므로, 어머니의 모습에 대한 비판적 인식을 가질 수 없게 된다. 〈소〉가 궁핍한 농촌사회의 모순을 보여주기만 할 뿐 극복의 방향을 보여주지 못한 작품이라는 비판을 받게 된 원인 가운데 하나이기도 하다.

변형의 극짜임을 가진 마당극은 인과관계가 느슨한 탓에 기본형의 극에 비해 관객의 몰입도가 낮은 특징이 있다. 변형의 극짜임에서는 원인과 결과의 관계가 불분명한 상황이 자주 등장하는데, 그 순간마다 극에 이입되어 있던 관객의 감정이 이출되어 몰입이 길게 지속되지 않는 탓이다. 관객이 극을 보는 동안 극인물에 감정을 이입하게 되지만, 극짜임에 갑자기 나타나는 비약이나 단절은 관객의 감정을 극에서 이출시킨다. 자신의 잘못에 대해 열심히 변명하고 있는 상대방의 말에서 무엇인가 앞뒤 정황이 제대로 맞지 않고 있음을 느낄 때, 갑자기 상대방의 진심에 대한 의심이 강하게 밀려드는 것과 마찬가지 경우이다. 이상하다고 생각하는 순간에 나는 상대방에 대한 판단을 내린 것이다. 이처럼 극인물이 처한 상황을 자신의 것처럼 여기는 감정 이입에서 벗어난 관객은 그 상황을 객관적으로 다시 생각하게 되는 것이다.

변형의 극짜임을 가진 마당극이라 하여 관객의 감정이 계속 이출된 상태이거나, 극에 몰입하지 않고 있는 것은 아니다. 마당극 공연이 시작되면 관객은 극인물이 겪는 극사건을 함께하고 있다는 감정을 느끼게 된다. 그러므로 공연담당자는 자신이 의도하는 적절한 시기에 관객의 감정을 이출시킬 필요가 있다. 관객의 감정을 이입시키거나 이출시키기 위한 요소가 마당극의 극짜임 속에 세밀하게 배치되어 있어야 극적 효과를 얻을 수 있다. 비판의 정신을 기반으로 하는 마당극은 관객 감정의 이입과 이출에 많은 관심을 가져야 한다. 공연담당자의 민중적 관점이 관객의 민중적 관점과 상호소통할 때 마당극 공연의 효과가 극대화될 수 있기 때문이다. 관객이 극에 지나치게 몰입하여 자신의 판단을 잃어버린 채 공연담당자의 주장을 일방적으로 받아들이고 있다면, 이러한 공연은 진정한 마당극이 아니다. 이상적인 마당극의 관객은 공연에서 제기하고 있는 문제에 대해 자신의 관점에서 재해석할 수 있어야 한다. 마당극의 극짜임 속에 제대로 배치된 요소에 의해 조절된 관객 감정의 이입과 이출이 이상적 관객을 만들어내는 데 일조하는 것이다.

〈아름다운 사람〉의 둘째 마당에서 정혜선은 결혼 직전에 홍광표에게 구타당했던 사연을 이야기한다. 댕기풀이를 마치고 돌아오던 길에 홍광표는 정혜선이 친구들에게 너무 다정하게 대한 것을 문제 삼는다. 어이가 없어진 그녀가 반발하면서 말다툼이 일어나게 되었고, 홍광표가 다짜고짜 그녀를 구타하는 사건이 일어난다. 정혜선은 홍광표와 헤어질 결심으로 집에 돌아왔으나, 그 다음 날 찾아온 그가 눈물을 흘리며 용서를 구하자 그녀는 용서하고 말았다. 그 이유를 "아, 이 남자가 나를 정말 사랑하고 있구나. 사랑하다가 보니 질투가 나서 그랬구나. 내가 너무 속이 좁았구나"라고 생각했기 때문이라고 정혜선이 밝혔다.

사랑하기 때문에 폭력을 행사했다는 남성의 변명과 그것을 받아들이고 용서하는 여성의 이야기는 우리 사회에서 낯설지 않다. 그러므로 그 다음은 당연히 결혼에 대한 이야기가 나올 것으로 관객은 기대하게 된다. 〈아름다운 사람〉에서는 관객의 예상을 깨어버린다. 강사 정혜선의 입을 통해 자신이 잘못 판단했다고 밝히면서, "연애 시절에 주먹질하는 남자하고는 애초에 헤어짐뿐이소"라고 관객에게 권유한다. 정혜선의 이야기에 단절이 발생하는 것인데, 이러한 반전이 관객의 몰입된 감정을 극에서 이출시킨다. 관객들은 '너무 사랑하기 때문에 여자에게 폭력을 행사할 수 있지'라는 자주 듣던 말에 대해 다시 돌아보게 된다. 사랑의 폭력이 성립할 수 없다는 판단을 하게 된 관객에게 정혜선은 전혀 새로운 이야기를 시작한다. 이른바 폭력적 남성 퇴치법이다.

정혜선 : 이 방법은 내가 오랫동안 연구해서 찾아낸 건데, 기냥 알려줘
도 괜찮을라나? (관객석의 반응을 살펴보고는) 까짓거 인심 한 번 썼
다. 그 방법이 뭐냐 하면, (조은정에게) 따라해봐라. '결-사-항-
전'(조은정 따라한다) '발-본-색-원'(조은정 따라한다).

조은정 : 결사항전, 발본색원? 이거 무슨 말인데요? 너무 어렵다.

정혜선 : 잘 들어 봐라. 주먹을 휘두르는 남자의 버릇을 알게 되는 순간
에 말이다, "결사적으로 대어 들어 싸워서는, 남자가 주먹을 다
시 쓸 수 없게 무력화(無力化)시키고는, 주먹질하는 버릇의 싹수
를 아예 짤라버린다"는 말이다. 이해되나?

　　이제 관객은 맞고 살아가던 불쌍한 정혜선이 아니라, 씩씩
하게 살아가고 있는 강사 정혜선에게 감정을 이입하여 설명
을 듣는다. 남성의 어떠한 폭력도 용납하여서는 안 되며, 불행
하게도 그러한 상황을 마주치게 되었을 경우 이른바 결사항전
과 발본색원으로 근원을 아예 제거해 버려야 한다는 점을 수
용하게 된다. 그러나 그때까지 관객이 본 것은 남편이 결혼 전
에 폭력의 징후를 보였다는 정도이므로 정혜선의 주장이 과하
다는 느낌도 들 수 있다. 이때 정혜선은 다시 과거의 이야기를
시작한다. 남편의 폭력에 시달리면서도 그녀는 제대로 저항하
지 못했다. 그녀는 "부모님과 동생들 보기 뭐해서 친정에 연
락도 잘 안 하고, 친구들 보기 창피해서 모임에도 안 가고, 아
파트 안에 소문날까 봐 문밖출입도 제대로 안 하고" 살아간
것이다.

정혜선 : 저는 주먹이 무서워 그 사람 앞에 엎드려 기었심더. 무엇을 잘못했는지도 모르면서 무조건 잘못했다고 빌었심더. 이라다가는 맞아 죽겠구나. 내가 죽으면 아이는 어떡하나. 시키는 대로 방바닥을 기었심니데이. 입으로 멍멍 소리를 내면서, 그 사람이 시키는 데로 이리저리 끌려 다녔심더. 저는 사람이 아니라, 개였심더. 아니, 개만도 못한 것이었심더. (울음을 터뜨린다. 서서히 암전) 이 집에서 쫓겨나면 어디로 가야 하나, 우리 애기는 어떻게 될까, 돈도 못 버는 게 무슨 일로 살아가나 하면서, 목숨을 구걸하러 매달렸심더. 나는 세상에서 가장 멍청한 바보 천치였심더. 바보, 천치, 식충이, 멍청한 년……. (흐느껴 운다)

(암전)

(정혜선의 울음소리가 서서히 잦아든다)

(무대 전체가 갑자기 밝아지는데, 정혜선이 태연한 얼굴로 관객석을 바라보고 있다)

정혜선 : 에, 헤이. 저 아줌마는 울고 있네. 분위기가 와 이카노. (밝은 목소리로) 지금 이야기가 아이고 옛날에 그래 살았다카는 이야기 아임니꺼. 지금 같으면 어림도 없지예.

　　남편이 시키는 대로 개처럼 짖으면서 기어 다니는 모습을 보는 관객은 충격을 받긴 하지만, 그녀의 상황에 대한 분노의 감정보다 슬픔이 앞서 일어나게 된다. 정혜선과 관객 자신을 동일시하기 때문이다. 관객의 슬픔은 정혜선이 처한 상황을 객관적으로 바라보지 못하게 만들어 일방적으로 그녀의 편을 들게 된다. 스스로 "세상에서 가장 멍청한 바보 천치"라 여기며 살아가는 정혜선에게 동정심을 느끼게 되면, 자신의 삶의 주인됨에 대한 깨달음이 없었기 때문에 그렇게 살 수밖에 없었던 문제점은 잊어버리게 된다. 그러므로 관객의 감정을 극에서 이출시켜서 그녀가 처한 상황을 객관적으로 바라볼 수 있도록 만들 필요가 있다.

무대가 암전이 되면서 정혜선의 울음소리만 크게 들리면 관객들이 느끼는 슬픔과 그녀에 대한 동정도 함께 차오른다. 그때 갑자기 무대가 밝아지고, 놀란 관객들은 자신을 바라보고 있는 강사 정혜선을 보게 된다. '관객은 배우가 연기하는 것을 본다'는 공연의 기본이 역전되어서 '배우가 관객을 보고 있는 상황'을 접한 관객은 곧바로 몰입된 감정에서 벗어나기 마련이다. 이때 현재의 정혜선이 던지는 "옛날에 그래 살았다 카는 이야기 아임니꺼. 지금 같으면 어림도 없지예"라는 말이 관객의 판단을 유도한다. 관객들은 과거의 정혜선을 무조건 동정하지 않고, 무엇 때문에 그녀의 삶이 그렇게 괴로웠던가에 대해 한 번 더 생각하게 되는 것이다.

3장 극인물

1. 극인물의 현실감

   한 편의 극에는 여러 인물들이 등장한다. 그중에서도 작품의 주제를 구현하는 데 관련 있는 인물들을 극인물(character)이라 한다. 등장인물이라 불리는 극인물은 대부분 사람이지만, 동물이나 어떤 추상적인 존재라 하더라도 상관없다. 일상생활에서 성인이 아동처럼 행동하면 주위 사람들이 이상하게 여기지만, 공연에서 성인 배우가 아동의 역할을 수행하면 관객들은 그 사실을 인정(recognition)하고 받아들인다. 극인물로서 현실감을 가지고 있기 때문이다. 현실감은 세상에 없는 허구적 존재를 실재하는 존재로 받아들이는 관객들의 인정으로 완성된다. 극에 배치된 여러 요소들에서 얻은 정보에 의해 구축된 극인물에 대해 관객이 감정적으로 동의하는 것이다.

   〈천일야화〉의 둘째 마당에 등장하는 극인물들은 가면을 쓰고 있고, 극시대가 불분명하여 인물의 정체를 직관적으로 파악하기 어렵다. 둘째 마당의 시작과 함께 성골이 "자신의 위세를 과시하는 거드름춤을 추며" 등장한다. "교태가 가득한 춤"을 추는 여성 부네와 "등골이 휘어진 까닭에 뒤뚱거리"며 하인 등골이 그를 따르고 있다. 관객들은 그들의 행동을 보면서 성골이 기생과 하인을 데리고 봄나들이를 다닐 수 있는 특권층이라는 점을 바로 알 수 있다. 그러나 혼자 무대에 등장하여 거드름춤을 추고 있는 진골은 누구인지 관객들은 알 수 없다. 진골에 대한 정보는 성골과 다른 방식으로 관객에게 제공된다.

> 성골 : 참, 그게 중요한 게 아니고. 너 저기 보이는 이상하게 생긴 게 뭔지 알겠느냐?
>
> 등골 : (한 걸음 다가가 보면서) 눈은 작고,
>
> 성골 : 지 보고 싶은 것만 보겠구나.
>
> 등골 : 조그만 귀는 달렸는지, 아닌지 모르겠고
>
> 성골 : 남의 말은 죽어라 듣지 않겠구나.
>
> 등골 : 코는 천지연과 백록담을 좌우에 모아 놓은 것 같고
>
> 성골 : 먹을 거 냄새 하난 기가 차게 잘 맡겠구나.
>
> 등골 : 입은 커서 얼굴의 반이나 되고
>
> 성골 : 주는 대로 넙적넙적 잘도 받아먹겠구나.
>
> 등골 : 손은 갈퀴처럼 커다랗습니다요.
>
> 성골 : 아따, 그놈. 이곳저곳 가릴 것 없이 잘 긁어 들이겠구나.
>
> 등골 : (한참을 진골의 이곳저곳을 살피다가) 염치란 놈은 아예 안 보입니다요.
>
> 성골 : (크게 놀라며) 염치가 없어!
>
> 부네 : 으응? (놀란다)

등골 : 예-이.

성골 : 아하, 그거. 딱 권력 상인데……, 등골아.

등골 : 예-이.

성골 : 귀한 어른을 만났으니, 통성명이나 하잔다고 여쭈어라.

관객들은 진골을 보고 있으면서, 등골의 인물 묘사와 이에 대한 성골의 해석을 듣게 된다. 등골이 묘사하는 진골의 생김새는 관객이 보고 있는 인물에 비해 과장되어 있으나, 성골의 해석을 듣는 관객들은 진골의 모습이 왜 그렇게 묘사되는지 이해할 수 있게 된다. 거드름춤을 추는 진골의 행동과 성골의 해석이 합해지면, 관객들은 우리 사회에 존재하고 있는 자신의 이익 추구에 골몰하는 특정 인물을 떠올리게 된다. 관객이 감정적으로 극인물의 그럴듯함을 인정하고 동의하면서 진골이란 인물이 완성되는 것이다. 〈천일야화〉 둘째 마당의 성골과 진골은 추상적 인물이지만, 관객들에게는 학벌을 앞세워 이익을 챙기고 있는 한국 사회 특권층의 실제 인물로 받아들여진다.

극인물은 배우를 통해 무대에서 재현된다. 배우의 능력에 따라 극인물의 현실감이 달라질 수 있으므로, 공연 기획자들은 연기력이 출중한 배우를 찾는 데 많은 시간을 할애한다. 연기력이 좋은 배우란 극인물의 성격을 구축하기 위해 극에 배치된 여러 가지 요소들을 몸으로 실제화하는 능력이 강하다는 뜻이다. 늘 화가 나 있는 무뚝뚝한 사람인 줄 알았는데, 의외로 다정다감한 모습이 숨겨져 있는 극인물이 있다고 가정해 보자. 이러한 인물의 모습을 공연의 배우가 스스로 상상하여 표현하지 않는다. 극작가는 극인물의 행동과 말투, 주위 인물들과 관계 등등, 극인물의 그러한 모습을 구축하기 위한 여러 가지 요소들을 극에 배치해 두고 있다. 극인물을 실제화하는 배우는 극 속에 배치된 인물에 관한 요소들을 정확하게 찾아내는 능력을 갖추어야 하며, 각 요소들의 특징을 가장 정확하게 표현해내는 배우가 연기력이 좋다는 평가를 받는 것이다.

〈천일야화〉둘째 마당의 성골과 진골, 부네는
학벌 사회의 부정적 속성을 체현하고 있는 극인물이다.

〈천일야화〉의 둘째 마당은 풍자 효과를 통해 학벌 사회의 문제점을 비판하고 있다. 둘째 마당에 출연하는 배우는 풍자 효과가 어떻게 발생하는지에 대한 이해를 가지고 있어야 연기의 기준을 설정할 수 있다. 〈천일야화〉의 둘째 마당에 등장하는 인물은 성골과 진골, 부네, 등골이다. 네 명의 극인물 중 부네만 여성이고, 나머지 세 명은 남성이다. 그러나 〈천일야화〉에서는 남성 역을 여성 배우가 맡고, 부네는 남성 배우가 맡도록 설정되어 있다. 얼핏 생각하면 배우와 극인물의 성별이 일치하지 않아 현실감이 깨어질 것 같은데, 풍자 효과를 얻기 위한 설정이라는 점을 고려하면 이해가 된다. 여성 배우가 성골의 거드름춤을 추려면 남성 배우에 비해 더 활달한 몸짓 동작을 사용하여야 하므로, 자기의 능력에 비해 더 많은 것을 얻으려는 인물로 보이게 된다. 여성 배우가 성골과 진골, 등골의 역을 맡았을 때 발생하는 과장된 연기는 둘째 마당의 풍자 효과를 만들어내는 중요한 요소로 작용하는 것이다. 그러므로 여성 배우는 남자 인물처럼 보이기 위한 연기를 할 필요가 없다. 여성 배우로서 성골이나 진골의 권위적 속성을 표현한다는 인식을 가지는 것이 관객의 현실감을 얻어내는 데 유리하다 하겠다.

2. 배우의 실명 사용과 현실감

관객들은 극인물이 허구적 인물이며, 이름도 지어낸 것이라 생각하고 있다. 그러한 생각을 가진 관객이 실제 배우의 이름을 사용하고 있는 극인물을 만났을 때 낯선 느낌을 갖게 되고, 더불어 이 상황이 무엇을 의미하는지 생각해 보게 된다. 마당극에서는 실제 존재하는 인물과 허구적 인물 사이에서 당황스러운 관객의 감정을 통해 극인물의 현실감을 높이기도 한다. 〈천일야화〉의 첫째 마당에서는 함께사는세상이라는 극단의 명칭뿐만 아니라, 출연하는 배우들도 모두 실명을 사용하고 있다. 물론 다른 극단에서 이 작품을 공연할 경우, 그 단체와 배우의 실명을 사용하면 된다. 첫째 마당에서 배우들의 실명을 그대로 사용하는 이유는 극인물의 현실감을 높이고, 이를 통해 극의 주제를 강화하려는 의도 때문이다.

첫째 마당이 시작되면 배우 서민우가 등장하여 "저는 극단 함께사는세상의 막내 서민우입니다."라고 인사를 한다. 그리고 공연 중에 휴대전화 사용이나 사진 촬영을 자제해 달라는 부탁을 한다. 공연장에 가면 흔히 듣는 안내이기 때문에 관객들은 자연스럽게 서민우의 부탁을 따르게 된다. 이후 마당극의 관람에 대해 안내를 계속하던 서민우가 실수를 거듭하고, 급기야 안내자로서 자신의 역할을 제대로 하지 못하는 모습을 관객들은 지켜보게 된다. 그러자 선임배우인 강신욱이 대신 나선다.

> 강신욱 : (웃으면서 일어나 관객 앞으로 나간다. 서민우와 손을 마주치며 교대) 저렇게 부
> 끄러워하는 걸 보니, 민우가 극단의 막내인 건 분명하네요. 격려

의 박수 한 번 주시기 바랍니다. (관객의 박수. 서민우는 다른 배우 뒤로 숨는다) 감사합니다. 민우가 마지막으로 말씀드리려 했던 건 제목 '천일야화'에 대한 겁니다. 모 케이블 방송의 야시시한 프로그램 때문에, 이번엔 "신욱이도 벗나? 그런데… 보기가, 좀 그렇겠다."라는 오해를 사고 있습니다만, 전혀 그런 일 없으니 안심하시기 바랍니다. 그런데 왜 제목을 '천일야화'로 했느냐~ 하면.

관객들은 서민우의 실수를 보았으므로, "민우가 극단의 막내"이니 너그럽게 이해해달라는 강신욱의 부탁도 사실로 받아들이게 된다. 극인물에 대한 현실감이 크게 높아지는 것이다. 실명을 쓰는 배우를 있는 그대로 받아들이는 순간 관객들은 〈천일야화〉의 극인물을 승인하게 된다. 실제 배우를 극인물로 인정한 관객의 입장에서는 허구적인 내용으로 창작된 공연이 아직 시작되지 않은 것이다. 그러므로 관객들은 극단 함께사는세상의 배우들이 〈천일야화〉 공연을 준비하면서 있었던 창작회의 상황도 실제 있었던 상황을 소개하는 것으로 받아들이게 된다. 즉 "답을 제시하는 연극이 아니라, 올바른 교육에 대해 함께 생각해 보는 자리로 만들자", "각자 조사 책임졌던 것들을 가지고 한 마당씩 만들기로 하자"는 회의 결과를 관객들도 수용하게 되는 것이다.

3. 유형적 인물과 개성적 인물

극인물은 유형적 인물(stock character)과 개성적 인물(individual character) 두 가지로 나누어진다. 유형적 인물은 자신이 속한 계층의 보편적 속성을 체현하고 있으며, 인물의 성격이 계층의 특성을 대변하고 있다. 개성적 인물은 자신이 속한 계층의 보편적 속성에 그 자신만의 독특한 성향을 체현하고 있으며, 인물의 성격은 그 계층이 지향해 나갈 방향성을 반영하고 있다. 개성적 인물에 역사 발전에 대한 사회주의적 인식이 더해질 경우 전형적 인물(typical character)이 된다. 루카치(Lukács)에 따르면, 전형적 상황에서 역사 발전의 법칙성을 실천하는 인물이다. (게오르그 루카치, 『역사소설론』, 108-130쪽)

유형적 인물은 병렬적 극짜임의 마당극에서 유용하게 사용된다. 각 마당의 독립성이 강한 병렬적 극짜임은 마당별 공연 시간에 제한이 있으므로 인물 성격의 구축에 할애할 시간이 많지 않은 경우가 대부분이다. 한 마당이 대체로 20여 분 정도에 완결되어야 하므로, 새로운 극인물을 창조하기보다 관객들이 익숙하게 알고 있는 극인물들을 활용하여 사건을 전개하는 것이 유리하다. 관객들에게 극인물의 성격을 이해시키기 위해 별도의 시간을 사용할 필요 없이, 마당의 시작과 함께 곧바로 사건이 전개되어야 제한된 공연 시간 내에 하나의 화소를 마무리할 수 있기 때문이다.

〈천일야화〉의 넷째 마당은 '기획양육의 시대라!'이다. 부모의 욕심을 채우기 위해 아이의 장래를 마음대로 재단하고 있는 현실을 비판한 것인데, 어린 시절부터 철저한 계획하에 교육 투자를 감행하고 있는 세대를 관객에게 보여주는 것이 중요하다. 아이에게 들어갈 교육비를 고려하여 한 명만 낳고, 조기 영어교육을 위해 영어 유치원에 보내고, 사립 초등학교를 거쳐 대학 입시에 유리한 특목고에 입학시키는 부모의 광기 어린 교육열을 모두 보여주기에는 넷째 마당의 공연 시간이 빠듯하다. 이 경우 넷째 마당의 주동인물인 현수(아빠)와 수연(엄마)은 유형적 인물로 설정되는 것이 유리하다.

> 아버지 : 어허, 야가 와 이카노. 재수 없구로!
>
> 신부 : (벌떡 일어서서) 우리는 예, 아이 하나만 낳아서 제대로 잘 키워 볼랍니다.
>
> 아버지 : (신랑을 가리키며) 야가 제대로 안 컸나?
>
> 신부 : 그게 아이고예.
>
> 아버지 : 뭔 소리하노. 밥 안 굶고, 형제자매지간에 우애 좋고, 남 속이지 않고… 이래 살면 잘 사는거지.
>
> 신부 : 보란 듯이, 떵떵거리면서, 구질구질하지 않게 키울 거라예.
>
> 아버지 : 아이구. (머리를 감싸 쥐며 쓰러진다)

폐백에서 친척들이 던져주는 밤과 대추를 받지 않는 신부를 보고 아버지가 이유를 물어본다. 신부는 아이 하나만 낳아서, 구질구질하게 살지 않도록 키우겠다는 그들의 의지를 밝힌다. 시아버지와 며느리의 생각이 서로 다르다. 시아버지가 가족의 화목을 중요시하고 있다면, 젊은 부부는 상류층의 삶이 더 가치 있다고 생각하는 것이다. 부모 앞에서 자신의 생각을 분명하게 밝히거나, 경제적 풍족함이 무엇보다 중요하다고 여기는 현수와 수연은 우리 사회에서 흔히 만날 수 있는 모습이다. 현수와 수연에 대해 더 이상 부연 설명이 없더라도 관객들은 현실감을 바로 느낄 수 있다.

개성적 인물은 직렬적 극짜임의 마당극에 어울린다. 마당의 화소가 긴밀하지는 않지만 인과관계를 가지고 있어서 극사건의 전개와 더불어 극인물의 성격을 구체화해 나갈 수 있는 것이다. 극인물의 성격 변화의 유무에 따라 정적 인물(static character)과 동적 인물(dynamic character)로 나누어진다. 정적 인물은 극의 시작에서 마무리까지 극인물 성격이 바뀌지 않으며, 동적 인물은 극사건의 진행에 따라 극인물의 성격이 조금씩 바뀌어 나간다. 개성적 인물은 동적 인물로 형상되는 것이 일반적이다. 극의 초반부에는 자신이 속한 계층의 보편적 속성을 체현하는 유형적 인물이지만, 극사건의 전개 과정에 각성의 기회를 가지게 되고, 이를 통해 삶의 방향을 새롭게 설정하면서 개성적 인물로 완성되는 것이다.

〈아름다운 사람〉의 젊은 시절 정혜선은 유형적 인물이다. 그녀는 자신의 삶에 대한 결정을 스스로 내리지 않고 주변 사람들이 권하는 대로 따라가며 살았다. 그렇게 살았기 때문에 결혼 후 남편 홍광표의 폭력에 시달리면서도, 스스로 극복의 방법을 찾아낼 수가 없었던 것이다. 무자각의 삶을 살아가는 인물의 보편적 모습이다. 정혜선이 개성적 인물로 바뀌는 계기는 공장의 노조원들과 함께 간 야유회에서 마련되었다.

> 정혜선 : 환하게 웃으면서 신명나게 춤추는 모습을 보면서, "사람이 사는 게 이런 거구나"라는 걸 느꼈심더. 사는 데 어찌 좋은 일만 있겠심니꺼? 저 사람들이라고 내보다 더 나을 건 어디 있겠심니꺼? 저렇게 함께 어울려 살면서 고민도 이야기하고, 도움도 주고받고, 싸우기도 하고, 화해도 하면서 신명을 내는 게 바로 사는 거구나라는 걸 느낀거지예. 그라고 보이, 이혼했다고 해서 세상 다 잃은 듯이 움츠려 살던 내 모습이 초라해 보였심더. 대학물 먹었다고 저 사람들하고 다른 사람처럼 행동했던 게 후회 되었어예. 그래서 땀 흘리며 춤추고 있는 동료들에게 달려들었습니다. (환한 표정의 정혜선) 이렇게 손을 치켜들고, 춤을 추면서…… (음악 소리 커진다. 동료들과 어울리는 춤)

이후 정혜선의 인물 성격은 유형적 인물에서 개성적 인물로 바뀐다. 공장의 동료들과 어울려 풍물도 배우고, 힘든 일도 함께 의논하여 해결하는 적극적 인물이 되었다. 〈아름다운 사람〉의 초반부의 정혜선에 비해 후반부의 그녀는 긍정적 인물로 바뀌었고, 민중적 삶의 가치를 실천하는 인물의 모습을 보여주고 있다. 동적 인물의 바람직한 사례라 하겠다. 정혜선은 "세상의 주인은 나다. 그러나 더불어 살아가는 기쁨을 모르면 참주인이 못된다"는 깨달음을 적극 실천하는 인물이다. 그녀의 삶은 이 땅의 민중이 지향해야 할 방향을 가리키고 있다는 점에서 개성적 인물의 좋은 사례가 되는 것이다.

4. 주동인물과 반동인물의 대결구도

극인물은 기능에 따라 주동인물(protagonist)과 반동인물(antagonist), 그리고 협조자(cooperator)로 나뉜다. 주동인물은 극을 이끌어 가는 핵심적 역할을 하는 인물이며, 반동인물은 주동인물과 갈등을 일으키면서 대결 관계를 형성하는 인물이다. 주동인물과 반동인물은 대부분 개인이지만 작품에 따라 집단적 인물들이 그 역할을 맡기도 한다. 집단적 인물은 노동조합처럼 공동의 목적을 추구하는 조직에 속하는 인물들인 경우가 많다. 동일 조직 내에서 뜻을 달리하는 다수 인물들이 대결하는 경우에는 주동인물과 반동인물이 모두 집단적 인물일 수도 있다. 협조자는 주동인물이나 반동인물의 편에 서서 대상을 쟁취할 수 있도록 힘을 보태어주는 인물이다. 협조자 역시 개인이나 집단이 가능하다.

한 편의 극은 갈등(conflict)이 생성되었다가 해소되는 과정이라고 설명할 수 있다. 주동인물과 반동인물의 갈등이 시작되는 바로 그때 극이 시작되고, 갈등이 해소되는 순간 극은 끝이 나는 것이다. 주동인물과 반동인물이 갈등하는 이유는 동일한 대상(object)을 동시에 원하고 있기 때문이다. 남자A와 남자B가 한 여자를 동시에 사랑하고 있는 경우 그 여성이 대상이 된다. 극에서 주동인물과 반동인물이 동시에 원하고 있는 대상은 사람인 경우가 많지만, 재산이나 토지 같은 구체적 사물, 사상·이념과 같은 추상적인 것도 가능하다.

주동인물과 반동인물은 각각 대상을 지향하는 힘, 즉 목표 지향력(oriented force)을 가지고 있다. 주동인물과 반동인물의 세력이 비슷하다면 대상을 향하는 목표 지향력도 비슷하므로 갈등의 강도는 강해진다. 반동인물의 세력이 주동인물에 비해 월등히 강하다면, 갈등의 강도는 약해지므로 주동인물이 지속적으로 수난을 당하는 상황이 이어진다. 주동인물이 반동인물을 압도하는 세력을 가진 경우도 있는데, 이러한 작품은 주동인물이 대상을 손쉽게 성취하는 과정을 큰 갈등 없이 보여주게 된다.

일반적으로 극에서는 주동인물과 반동인물이 극의 시작에서 마지막까지 대결구도를 지속해 나간다. 마당의 독립성이 강한 마당극에서는 주동인물과 반동인물이 마당에 따라 바뀌는 경우가 많다. 〈아름다운 사람〉의 주동인물은 정혜선이고 반동인물은 마당에 따라 달라진다. 둘째 마당에서는 남편 홍광표가 반동인물이며, 셋째 마당은 공장 직원인 윤실장, 넷째 마당은 결혼의 참된 의미를 깨치기 이전의 조태오이다. 조태오는 강사 정혜선과 재혼한 인물이지만, 넷째 마당에서는 남성 중심의 가부장적 세계관을 극복하지 못하고 있던 상태였기 때문에 반동인물로 기능하는 것이다. 정혜선과 반동인물들은 여성의 삶이라는 대상을 두고 갈등을 벌인다. 정혜선은 인간으로서 평등한 여성의 삶을 바라고 있지만, 반동인물은 남성에 종속적인 여성의 삶을 요구하고 있는 것이다.

각 마당마다 주동인물 정혜선과 대결하는 반동인물이 달라진다. 그들의 공통점은 더불어 살아가는 세상의 참다운 이치를 깨닫지 못한 인물이라는 사실이다. 만일 〈아름다운 사람〉의 반동인물이 처음부터 마지막까지 남편 홍광표로 한정되었다면, 잘못된 결혼으로 불행에 빠진 정혜선의 개인적 하소연으로 오해받을 수 있다. 이혼으로 정혜선은 가정 폭력에서 벗어날 수 있었지만, 정혜선이 놓여 있던 문제적 상황이 근본적으로 해결된 것은 아니다. 회사 생활에서도, 심지어 친한 동료들 사이에서도 폭력적으로 여성을 지배하려는 잘못된 인식이 존재하고 있기 때문이다. 〈아름다운 사람〉에서는 셋째 마당과 넷째 마당에서 반동인물을 달리 설정함으로써 정혜선이 맞서야 하는 전근대적 억압이 사회적 문제임을 드러낼 수 있었다. 이를 통해 〈아름다운 사람〉의 주제가 더욱 선명해진 것이다.

협조자는 주동인물이나 반동인물과 달리 스스로 세력을 형성하여 갈등의 전면에 나서지 않는다. 협조자의 중요한 기능은 주동인물과 반동인물의 세력 변화를 통해 극사건에 변화를 만들어내는 것이다. 극이 진행되는 동안 주동인물과 반동인물의 세력 크기가 달라진다. 주동인물이나 반동인물이 스스로 자신의 세력을 강하게 키우는 경우도 있지만, 협조자가 가세하거나 이탈하면서 세력의 변화가 생겨나는 경우가 더 많다. 협조자가 주동인물이나 반동인물에 가담하는 이유는 그들이 가진 명분에 동조하기 때문이다. 어떠한 협조자가 금전적 이익을 얻는 대가로 주동인물이나 반동인물을 지지하는 경우도 그들이 가진 명분, 즉 돈으로 모든 것을 해결할 수 있다는 입장에 동조한 것이라 하겠다.

〈아름다운 사람〉의 둘째 마당에서 주동인물 정혜선은 반동인물 홍광표에 비해 세력이 너무나 약하다. 정혜선이 힘을 가진 홍광표에 제대로 맞설 수 없으므로, 둘째 마당에서는 아이를 키우면서 남편의 폭력에 무방비 상태로 노출되어 버린 정혜선의 수난이 강조되어 드러난다. 셋째 마당에서는 주동인물 정혜선의 세력이 원래 약하였으나, 협조자의 등장으로 세력이 강해져 반동인물을 압도하는 상황을 볼 수 있다. 윤실장의 폭력에 분노하여 항의한 순간에는 정혜선의 세력이 열세였으나, 공장의 노동자들이 그녀의 뜻에 동조하여 지지하면서 오히려 우위에 설 수 있게 된다. 정혜선을 위해 윤실장에게 항의하며 나서 준 동료들이 협조자인 것이다.

넷째 마당에서 정혜선은 조태오에 비해 세력이 약간 우월하다. 정혜선은 그동안의 고립된 생활에서 벗어나 동료들과

어울리면서 세력이 강해졌으나, 봉건적 사고를 지닌 조태오
는 협조자의 도움을 얻지 못하여 그녀에게 약한 모습을 보일
수밖에 없다. 조태오가 폭력적이거나 이기적인 인물은 아니지
만, 남자가 가정을 주도하고 여자는 보조한다는 식의 잘못된
고정관념을 가지고 있는 것이 문제였다. 조태오가 자신의 잘
못을 인정하고 변화를 모색하면서 정혜선과 조태오의 대결구
도는 소멸된다. 재혼의 성사 여부에서 정혜선이 결정을 주도할
수 있었던 것도 그녀의 세력이 커졌기 때문이다. 〈아름다운 사
람〉의 둘째 마당과 셋째 마당, 넷째 마당으로 나아가면서 주동
인물인 정혜선의 세력이 점점 커지고 있는데, 각성을 통해 그
녀 스스로 성장해 가고 있다는 사실을 보여주는 것이다.

　　주동인물과 반동인물의 대결구도를 수리오(E. Souriau)의 인
물 기능을 참고하여 정리하면 아래와 같다. (김재석, 『한국 현대극의
이론』, 72쪽)

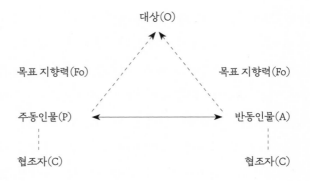

병렬적 극짜임의 마당극에는 두 개의 주동인물과 반동인물의 대결구도가 있다. 하나는 극 전체를 통합하여 설정할 수 있는 큰 대결구도이고, 또 하나는 마당별로 존재하는 작은 대결구도이다. 병렬적 극짜임의 마당극의 각 마당은 독립성이 강하면서도 주제를 드러내기 위한 연관성을 가지고 있으므로, 큰 대결구도의 설정이 가능한 것이다.

〈천일야화〉의 큰 대결구도에서 주동인물은 교육민주화를 추구하는 세력이고, 반동인물은 교육특권화를 기도하는 세력이다. 이들은 교육이라는 동일한 대상을 두고 갈등을 벌인다. 주동인물은 참교육을 원하지만, 반동인물은 개인 이익을 추구하기 위해 대상을 쟁취하고자 한다. 협조자는 염두에 두지 않아도 상관없다. 교육 문제를 다루는 〈천일야화〉는 "교육에 관한 한 우리 모두가 피해자이면서, 또 가해자"라는 기본 입장을 가지고 있기 때문이다. 교육 문제에 대해 이상적인 논의를 펼치던 사람들조차 나와 내 자식의 문제가 되는 순간 갑자기 보수적 입장으로 돌아서는 경우가 많다. 우리 모두가 주동인물과 반동인물의 협조자가 될 수 있는 것이다. 〈천일야화〉는 다섯 마당으로 구성되어 있다. 첫째 마당은 극의 도입부 기능을 담당하고 있기 때문에 주동인물과 반동인물의 대결구도는 나타나지 않는다.

둘째 마당은 학벌 사회의 문제점을 '자기희화 방식'으로 풍자하였다. 주동인물은 학벌을 이용하여 이익을 취하고 있는 성골과 진골이다. 반동인물은 극 중 인물이 아니라 관객으로 설정되어 있다. 주동인물인 성골과 진골의 부정적 행위가 과장되어 희화될 때, 관객들이 비판의 주체가 되어 웃음을 통해 그들을 조롱하는 것이다. 부네와 등골1, 2는 성골과 진골에 붙어 이익을 취하는 협조자이며, 반골은 반동인물인 관객의 협조자이다. 둘째 마당의 마지막에 반골과 관객이 함께 성골과 진골을 거부하는 것으로 풍자가 완성된다.

셋째 마당은 성적 지상주의에 빠져 있는 학교 현실을 비판한다. 주동인물은 여학생 명아이고, 반동인물은 진학부장이다. 명아와 진학부장은 미래의 삶이라는 대상을 두고 맞선다. 명아는 자신이 좋아하는 뮤지컬 배우가 되고 싶지만, 진학부장은 전교 일등인 명아가 당연히 서울대에 가야 한다고 주장하는 것이다. 명아의 세력이 진학부장에 비해 월등히 약한 것은 협조자인 학부모1, 2가 진학부장의 편에 서 있기 때문이다. 주동인물의 세력이 약하므로 셋째 마당에서는 명아가 당하는 수난이 주를 이루게 되는데, 이를 통해 학생들의 꿈을 키워주지 않는 교육 현장이 강하게 비판받는 것이다.

넷째 마당은 자신의 아이를 학벌 사회에 끼워 넣기 위해 몸부림치는 부부의 이야기이다. 주동인물은 할아버지이며, 반동인물은 부부이다. 이들은 아이의 삶이라는 대상을 두고 대결 구도를 형성한다. 부부는 아이가 최상의 학벌 조직에 편입될 수 있도록 잘 관리해야 한다는 입장이고, 할아버지는 몸 건강하고 가족 간에 화목하면 된다는 생각을 가지고 있다. 주동인물과 반동인물의 세력이 비슷하기 때문에 사사건건 부딪칠 수밖에 없다. 넷째 마당의 마지막에 "애가 잘 되면 우리 집안이 달라진다"는 아들의 주장에 할아버지가 "돈 없고, 힘없는 내죄"라고 하면서 패배를 인정하여 부정적 현실이 부각되는 것이다.

다섯째 마당은 학생들이 행복할 수 있는 교육 환경에 대해 다룬다. 세 가지 삽화를 통해 이상적 교육 환경을 제시하고 있기 때문에 다섯째 마당에서는 극 중 인물 전원이 주동인물의 기능을 한다. 반동인물은 관객들이다. 관객들의 대부분은 경쟁이 당연시되는 교육 환경하에 성장하였고, 우리 교육에 문제가 있다는 점은 느끼고 있으나 개선을 위한 행동을 하지 못했다. 그러므로 주동인물들이 주장하는 교육이 현실적이지 못한 시스템이라고 생각하기 쉽다. 여기에서 한국 교육 환경이라는 대상을 두고 주동인물과 반동인물(관객) 사이에 대결구도가 형성되는 것이다. 다섯째 마당의 마지막에 극인물들이 꼭두각시 인형극의 무대를 부수고 나와 관객에게 손을 내밀어 연대의 뜻을 전한다. 이때 관객들은 극인물의 손을 잡을 수도 있고 거부할 수도 있다. 그 결과에 따라 주동인물과 반동인물의 대결이 종식되거나, 혹은 이후 계속될 여지를 남기며 극이 끝나게 되는 것이다.

5. 극인물과 관객배우

일반인에게 여타 연극과 구분되는 마당극의 특징을 꼽아 보라 하면 '관객 참여'가 단연 첫째를 차지한다. 마당극의 공유 정신은 관객을 공연담당자의 일원으로 변화시키고자 한다. 공연담당자는 작품의 공급자이고 관객은 소비자라는 사실은 너무나 분명하다. 그러므로 마당극의 관객이 공연담당자의 일원이 된다는 것이 무엇을 의미하는지 분명하지 않아 보이기도 한다. 공연담당자가 지닌 공유의 정신은 관객을 감동시켜야 할 대상이 아니라, 그들이 지닌 문제의식을 함께 나누며 해결책을 같이 찾아가는 동지적 대상으로 바라보게 한다. 마당극 공연담당자가 관객에게 능동성을 부여하는 방법으로 관객배우의 활용이 있다. 마당극의 관객배우가 지닌 독특한 특성은 비슷한 경향을 지닌 서양의 극과 비교해 보면 분명해진다.

미국의 빵과 인형 극단(Bread and Puppet Theatre)은 관객이 공연담당자의 일원이 되는 연극을 주로 한다. 빵과 인형 극단은 극단 배우들과 자원배우들(Bread and Puppet Theatre Volunteers)이 함께 출연하는 공연 방식을 고수하고 있다. 자원배우들은 공연 지역의 주민 중에 극단의 작품에 참여를 희망한 사람들 중에서 선발한다. 이들은 일정 기간 동안 극단 배우들과 함께 연습하여 공연을 하게 되는데, 공연장을 찾은 일반 관객들이 보기에는 자원배우들도 극단의 일원으로 여겨지는 것이다. 자원배우를 활용하는 빵과 인형 극단의 공연 방식은 어려운 일을 함께 해결해 나간 공동체 정서의 회복을 꿈꾸는 극단의 지향점과 맞물려 있다.

빵과 인형 극단의 대표적 작품인 〈크리스토퍼 콜럼버스: 새로운 세계 질서〉(Christopher Columbus: New World Order)를 살펴보면 자원배우에 대해 좀 더 상세히 알 수 있게 된다. (김재석, 「마당극의 공유 정신에 대한 비교 연구」, 214-215쪽) 〈크리스토퍼 콜럼버스〉는 세 마당으로 이루어져 있다. 첫째 마당은 콜럼버스가 왕과 자본가의 지원을 받아 신대륙으로 출발하는 내용이며, 둘째 마당은 콜럼버스와 그 후예들이 아메리카 원주민을 학살하고, 자연을 파괴하는 내용이다. 셋째 마당은 민중의 단합된 힘으로 인류를 전쟁의 공포로 몰고 들어가고 있는 '누구(who)'를 징치해야 한다는 주장을 담고 있다.

〈크리스토퍼 콜럼버스〉는 대사를 줄이고 탈이나 인형, 혹은 물체를 이용하여 관객에게 공연담당자의 주장을 전달하는 극이다. 극단의 배우들은 숙달된 연기가 필요한 역할을 맡고, 자원배우들은 대사 없는 보조적 인물, 혹은 합창대로 출연한다. 자원배우들은 그들을 인도하는 이끔이(leader)를 따라 움직이면 되기 때문에 무대 출연에 대한 공포심을 덜 수 있다. 자원배우의 활용은 참여자와 극단 모두에게 득이 된다. 〈크리스토퍼 콜럼버스〉의 자원배우들은 빵과 인형 극단의 작품에 출연한다는 즐거움을 가질 수 있고, 극단에서는 많은 극인물이 등장하기 때문에 소속된 전문 배우들만으로는 할 수 없는 대형 작품을 공연할 수 있게 된다.

마당극의 공유 정신에서 나온 관객 참여는 빵과 인형 극단의 자원배우 활용과 의미가 다르다. 마당극의 관객배우 활용은 공연장에 있는 관객들을 대상으로 하며, 사전에 연습을 따로 하지 않는다. 그러므로 공연 현장에서 관객의 참여를 자연스럽게 끌어내는 요소들이 극에 전략적으로 배치되어 있어야 한다. 관객들이 즉흥적으로 이루어졌다고 생각하는 참여도 실제로는 세밀하게 수립된 계획에 따라 이루어진 것이다. 마당극 공연에 참여한 관객배우가 스스로 공연에 기여하였다는 생각을 갖도록 해야 하며, 만일 자신의 도움이 없었더라면 극이 제대로 공연될 수 없었을 것이라는 자부심을 심어주어야 한다.

마당극의 관객배우 운용은 세 가지 경우로 나누어진다. 첫째는 상황 설정에 기여하는 관객배우, 둘째는 자신에게 맡겨진 임무를 수행하는 관객배우, 셋째는 자신의 생각을 직접 연기하는 관객배우이다. 첫 번째인 상황 설정에 기여하는 관객배우 활용은 마당극 공연에서 제일 빈번하게 나타난다. 〈춘향전을 연습하는 여자들〉에서 그 사례를 보기로 하자. 연극 〈춘향전〉의 공연에 필요한 소품을 구하러 나간 서민우가 커다란 마패를 들고 나타나자 모두 환호한다. 그러나 서민우가 집의 벽걸이에 붙어 있던 마패를 떼어왔다는 사실을 알고 모두 놀란다.

박연희 : 야가, 철딱서니 없구로. 니, 집에는 말했나?

서민우 : 엄마가 안 계셔서 그냥….

(세 명이 일제히 한 명의 여성 관객을 바라본다)

박연희 : 아이고, 민우 어무이, 미안합니더. 시킨 건 아이라예.

무대에 있던 세 명의 배우가 동시에 객석의 한 여성을 바라보는 순간 그녀는 서민우의 엄마로 설정된다. 해당 여성 관객의 주변인들도 그녀를 바라보게 되기 때문에 설정 효과가 분명하게 나타나는데, 박연희가 "민우 어무이"라고 불러 줌으로써 관객배우로 전환을 완성시키는 것이다. 이때 해당 관객은 "괜찮다"고 말하거나, 아니면 당황하여 가만히 있더라도 서민우를 야단치는 것이 아니므로 극 진행에 문제가 생기지 않는다.

두 번째의 경우, 자신에게 맡겨진 임무를 수행해야 하는 관객배우가 그 상황을 미리 인지할 수 있도록 설정해야 한다. 자신에게 그러한 임무를 요구하는 이유에 대해 관객배우가 짐작하지 못할 경우 예상 밖의 상황이 발생할 수 있기 때문이다. 관객배우가 수행해야 할 임무도 심적 부담이 적은 것이어야 하며, 사실 관계가 애매한 임무는 적절하지 않다. 〈춘향전〉을 연습하면서 아파트부녀회 참가자들은 춘향의 성격에 불만을 가져 고쳐보고자 하였으나, 그들 사이에 의견이 분분하여 정확한 방향을 잡지 못한다. 그러자 참가자 중의 한 사람인 박희진이 나서서 "(관객에게) 일단 연극을 먼저 보시고 난 후, 우리의 고민을 말씀드리겠습니다. 그때 좋은 의견을 제시해주시면, 우리가 그 말씀에 따라 작품을 짜보도록 하겠습니다"라며 추후 진행 상황을 안내한다. 관객의 의견을 직접 들어보겠다는 안내를 미리 하였으므로, 관객은 다음 상황에서 자신이 무엇을 해야 하는지 알고 있는 것이다.

> 박희진 : (심각하게) 결혼한 여자들이 가족에게 목매달 수밖에 없는 거나,
>   이몽룡을 위해 목숨을 걸고 있는 춘향이나 별반 다를 게 없다
>   심네예.
> 강신욱 : 그건 좀 비약 같은데.
> 서민우 : (관객에게) 엄마는 우예 생각하노.
> 백운선 : (관객에게) OO 어머님은 어떻게 생각하세요?
> 박연희 : (관객에게) 407동 105호 OO 엄마도 한 말씀 해보이소.

박희진이 미리 자신의 의견을 짧게 말하였기 때문에 관객들은 큰 부담 없이 자신의 생각을 말할 수 있게 된다. 춘향의 삶과 결혼한 여성들의 삶에 대한 질문은 봉건시대부터 지금까지 단단하게 유지되고 있는 가부장제도의 문제점에 대해 관객들이 다시 생각해 볼 수 있도록 이끄는 것이다. 관객들이 자발적으로 의견을 구체적으로 말하는 경우도 있겠지만, 배우들이 지명한 관객이 당황하여 간단한 의사 표시만 하더라도 극

의 진행에 별문제가 발생하지 않는다. '핵문과 위성문'의 관계에 의하여 관객의 답변이 극의 흐름과 정반대로 나갈 수는 없기 때문이다. (핵문과 위성문의 관계에 대한 설명은 이 책의 5장에서 다룬다.)

〈춘향전을 연습하는 여자들〉의 관객배우들이 스스로 의견을 내고
합의를 도출한 내용을 배우들과 함께 조각그림으로 표현했다.

세 번째, 자신의 생각을 직접 연기하는 관객배우를 위한 준비는 철저하게 이루어져야 한다. 공연 중인 무대에 직접 출연하여 연기를 해야 한다는 설정은 관객에게 대단한 심적 부담을 안겨준다. 관객의 부담을 덜어주고, 해당 관객배우가 실수를 하더라도 극 진행에 무리가 가지 않도록 많은 준비가 되어 있어야 한다. 〈춘향전을 연습하는 여자들〉에서는 첫째 마당부터 춘향의 모습을 어떻게 바꿀 것인가에 대해 관객들의 의견을 듣겠다는 예고를 하였고, 둘째 마당에서는 조금씩 관객의 참여 정도를 높여가면서 관객배우가 직접 연기할 수 있는 상황을 조성하였다. 셋째 마당에서 관객들을 무대로 나오게 하였고, 간단한 역할 놀이를 통해 심적 부담을 덜어주었다. 넷째 마당으로 넘어갔을 때에는 무대에 나온 관객들이 꽤 긴 시간을 배우들과 같이 어울렸으므로 긴장감이 많이 해소되어 있다.

> 서민우 : 역시, 대표님다운 생각이네예. 그라믄 이렇게 하입시다. 희정이 언니하고 희진이 언니하고, 여기 이분(관객배우)까지 한 조가 되고예, 대표님하고 운선이 언니하고 여기 이분(관객배우)까지 한 조가 되서 의견을 먼저 모으이소. 그 다음에 '조각그림 만들기'를 해봅시더.
>
> 박희진 : 아하, 그중에서 춘향이가 자기 마음에 드는 걸 고르겠다는 말씀?
>
> 서민우 : 내하고, 여기 오신 동네 분들하고 같이 골라야지예. 자, 그럼 해보입시다.

관객배우의 임무는 춘향이 변사또에게 어떻게 대응해야 하는가에 대한 생각을 '조각그림 만들기'라는 연극적 표현으로 나타내는 것이다. 관객배우들이 의견을 내고, 팀의 의견이 수렴된 후 조각그림 만들기로 표현하면 된다. 이때 배우들은 변사또의 청을 거절한다, 아니다의 두 가지 큰 틀만 제시하고 나머지는 관객배우들에게 맡겨둔다.

관객이 스스로 극 진행에 기여하였다고 인식하는 순간 그들은 공연담당자의 일원이 된다. 자기 자신이 직접 관객배우가 되지 못한다 하더라도, 자신과 같은 관객이 극 전개에 기여하는 광경을 보는 것만으로도 그러한 효과를 낳는다. 관객은 작품에서 제시하는 바를 그냥 바라볼 수밖에 없는 존재라는 인식이 깨지는 그 순간 공연담당자의 일원으로 대우받고 있음을 받아들이게 되고, 거기에서부터 관객의 능동성이 생성되는 것이다. 공연의 완성에 자신이 일조하였다는 느낌은 작품의 문제의식을 자신의 것으로 적극 받아들이도록 이끈다. 작품 속에 관객의 참여를 유도하는 기능적 요소를 적절하게 배치해 두어야 관객배우의 효과가 자연스럽게 나타날 수 있다는 점을 명심하여야 한다.

6. 여러 극인물 맡기

마당극의 배우들은 한 편의 공연을 하면서 여러 극인물의 역할을 맡는다. 서양 근대극이 한국에 유입된 이래, 한 편의 극에서는 한 명의 배우가 한 명의 극인물 역할을 맡는 경우가 보편화되었다. 행인이나 다수의 군중으로 등장하는 경우가 아니라, 극에서 중요한 역할을 담당하는 인물들이 그렇다는 뜻이다. 마당극에서는 마당마다 극인물이 달라지는 경우 배우들이 새로운 인물을 맡는 것은 물론이고, 같은 마당 내에서도 여러 명의 역할을 수행하는 경우가 많다. 변형의 극짜임을 가진 마당극은 관객의 감정 이입과 이출을 적절하게 배분하고 있으므로, 한 배우가 여러 극인물을 맡더라도 관객의 몰입을 방해하는 문제가 발생하지 않기 때문이다. 한 배우가 다양한 인물을 맡는 마당극의 특성은 적은 수의 배우로 공연을 가능하게 하는 장점으로 작용한다. 관객의 입장에서는 한 명의 배우가 다양한 역할을 연기하면서 변화를 꾀하는 것을 보는 것도 흥미로운 일이다.

〈천일야화〉에는 서른네 명의 인물이 등장하지만 다섯 명의 배우만으로 공연한다. 첫째 마당에는 다섯 명이 모두 나와 극단 함께사는세상에 소속된 배우 역할을 수행한다. 둘째 마당부터 다섯째 마당까지는 한 명의 배우가 악사 및 해설자를 맡고 나머지 네 명의 배우가 극인물을 나누어 맡아 연기한다. 예를 들면 배우 강신욱은 첫째 마당의 극인물 강신욱에 이어, 등골2와 반골(둘째 마당), 진학부장(셋째 마당), 아버지와 아기(넷째 마당), 꼭두각시 인형(다섯째 마당)을 맡는다. 마당과 마당은 인과관계를 가지고 있지 않아서 단절효과가 발생하므로, 배우들이 새로운 인물을 맡아도 관객들이 받아들이기에는 어려움이 없다.

한 배우가 동일 마당 내에서 다양한 극인물의 역할을 맡는 '역할 바꾸기'도 마당극에서는 적극 활용하고 있다. 역할 바꾸기는 한 배우가 여러 역할을 연이어 수행하는 것인데, 상당한 분량의 대사와 행동이 필요한 설정을 압축시켜 빠르게 전달하는 효과가 있다. 〈아름다운 사람〉의 셋째 마당에서 정혜선은 안경공장에 취직하였으나 자신은 그들과 다르다는 생각을 가지고 있어서 동료 노동자들과 거리를 두고 지내고 있었다. 동료 노동자들도 그러한 정혜선에 대해 호의적이지 않았다. 그러한 상황을 극에서 다루려면 상당한 공연 시간이 필요할 수도 있겠지만, 〈아름다운 사람〉에서는 역할 바꾸기를 활용하여 효과적으로 처리하였다.

동료1(여) : 제가 아줌마를 처음 만났을 때, 느낌이 안 좋았습니다. 우리를 무시하고 있다는 생각이 들었습니다. "나는 이런 직장에 다닐 사람이 아니다. 더 좋은 자리가 날 때까지 잠깐 있다가 가겠다." 뭐 이런 느낌이었습니다. 밥도 혼자 먹으려 하고, 어쩌다 같이 먹더라도 아무 말도 없이 빨리빨리 먹어치우고는, 획 가버리는 겁니다. 한마디로 왕재수였습니다.

동료2(남) : 정씨 아줌마가 우리 공장에 들어오고 석 달쯤 되었을 겁니다. 추석을 앞두고 뽀나스가 나오느니 마느니 시끌시끌 할 때였습니다. 우리 같은 사람들이야 돈 한 푼에 벌벌 떨 수밖에 없는 것 아이겠십니꺼. 그런데 저 정씨 아지매는 이야기에 전혀 끼이지도 않고 일만 하데예. 그래서 내가 가서 슬쩍 물어 봤심더. "정씨 아지매는 돈이 싫은가배" 그란데 이야기의 반도 하지 못하고 돌아왔심더. 왜냐고예? 내가 다가가서 말을 걸자마자 나를 바라보는 눈에 겁이 잔뜩 들어 있는 거라예. 뭐라카면 되겠노. 마치 늑대를 만나 표정이랄까?

동료3(여) : 내 겉이 나이가 든 사람은 알 수 있지러. 정씨가 무엇 때문에 정신 나간 사람처럼 사는지를……. 하지만, 도와줄 수 있는 방법이 없데예. 도대체 말을 안 해요. 이 공장도 사람 사는 덴데, 서로 고민도 털어놓고, 의논도 하고, 농담도 하고 지내자 캐도 고개만 설레설레 흔들고는 자기 할 일만 하는 거라예. 꽉 닫힌 마음을 열기까지는 시간이 많이 걸렸심더.

한 명의 배우가 세 명의 노동자 역할을 맡았다. 동료1은 20대의 여성, 동료2는 40대 정도의 남성, 동료3은 50대의 여성이다. 한 명의 배우가 모자(남성 노동자), 회색머리의 가발(50대 여성) 등을 이용하여 해당 인물의 특징을 직관적으로 제시하고, 해당 나이에 맞는 목소리로 바꾸어 연기를 한다. 마치 다큐멘터리 영상에서 여러 명의 인터뷰 장면을 연이어 보는 것과 같은 효과를 얻는다. 다양한 나이의 노동자들이 바라본 정혜선의 모습을 연속하여 제시함으로써, 많은 배우를 등장시키지 않고도 폭력의 후유증으로 대인 기피증까지 생긴 그녀의 상태를 관객에게 충분히 전달할 수 있다.

4장 극시간과 극공간

1. 마당극의 시공간

극과 영화를 유사한 예술 갈래로 여기는 이들이 많다. 극과 영화는 여러 가지 점에서 이질성이 많은데, 그중에서도 시간과 공간 운용의 차이가 아주 크다. 영화는 촬영 후 편집하여 상영하므로, 영화는 시간과 공간 운용에 무한한 자유를 누리고 있다. 〈하루〉(조선호 감독)와 같은 타임 루프(time loop) 영화들을 어색하지 않게 볼 수 있다는 사실이 그 점을 잘 말해주고 있다. 영화와 달리 관객 앞에서 실연되는 극은 시간과 공간 운용에 제약이 많을 수밖에 없다. 배우뿐만 아니라, 탁자와 의자 같은 물건들도 실제 존재하는 것이기 때문에 순간 이동이란 불가능하다. 역사적으로 가장 보편화된 방식은 무대 막을 내려 관객과 차단한 상태에서 극시간과 극공간을 이동하는 것이다. 그러므로 영화 〈스타워즈*Star Wars*〉와 같은 극을 무대에서 공연하기란 불가능에 가깝다.

근대전환기 한국의 극이 입센의 〈인형의 집〉 같은 사실적 표현의 무대극을 모범으로 삼으면서 극시간과 극공간에 대한 제약을 당연시하게 되었다. 그러나 마당극은 사실적 표현의 무대극에 비해 극시간과 극공간의 이동이 자유롭다. 고전 가면극에서 확립된 독특한 극시간과 극공간의 운용 기법이 마당극에 유입되었기 때문이다. 하회별신굿탈놀이의 백정마당을 예로 들어보자. 백정이 등장하여 한바탕의 춤으로 위세를 과시하고 나서 소를 잡는다. 그는 소의 염통과 쓸개, 우랑 등을 잘라내어 사람들에게 팔러 가지만, 하나도 팔지 못하고 춤을 추며 들어간다. 백정의 이동 경로를 다시 정리해 보면 도살장 인근 거리, 도살장, 장터 등을 거쳐 갔다는 사실을 알 수 있다. 그러나 백정마당에서는 극시간이나 극공간에 대한 특별한 설정이나 설명 없이 연이어 보여주고 있다. 관객들도 이러한 극시간과 극공간 처리에 대하여 어색함을 느끼지 않는다.

마당극의 극짜임은 고전 가면극의 극시간과 극공간 활용 방식을 적극 수용하고 있다. 〈아름다운 사람〉의 둘째 마당은 정혜선이 대학을 졸업한 후 결혼 생활에 실패하여 친정으로 돌아오기까지의 삶을 다루고 있다. 둘째 마당의 '극 중 사건의 전체 시간'은 4년 정도이다. 극 중 사건의 전체 시간은 둘째 마당에서 다루는 사건의 발생부터 종료까지 걸린 전체 시간을 의미한다. 대학 졸업 후 2년 정도의 사회생활을 하였고, 결혼 후 2년 만에 이혼하였으므로 4년 정도가 되는 것이다. 그런데 둘째 마당의 공연 시간은 약 20분 정도이다. 20분으로 4년의 경과를 담아내려면 당연히 꼭 필요한 사연만 골라 보여주어야한다. 〈아름다운 사람〉의 둘째 마당에서는 극시간과 극공간을자유롭게 이동하면서 여러 번에 걸친 선보기, 홍광표와 결혼하기 전 발생한 폭력 사건, 결혼 생활 동안 가해진 폭력 사건,심신이 피폐해질 대로 피폐해진 상황 등을 보여준다.

만일 〈아름다운 사람〉의 둘째 마당을 사실적 표현의 무대극으로 다룰 경우 극시간과 극공간 운용에 상당한 제약이 따른다. 가장 일반적인 공연 방식은 극공간을 한 곳으로 고정한상태에서, 과거의 사건들을 극인물들의 대화에 삽입시켜 관객들이 이해할 수 있도록 하는 것이다. 예를 들자면, 정혜선이이혼을 결심하고 집을 떠나는 상황에서 남편이 말리며 말다툼이 일어나게 되고, 흥분한 그녀가 남편에게 당했던 과거의 폭력들에 대해 조목조목 비난하는 방식이다. 이 경우 관객들은정혜선이 이혼을 결심하고 집을 뛰쳐나가는 결과에 주목하게된다. 그에 비해 〈아름다운 사람〉의 관객들은 선보던 시간부터 이혼에 이르기까지 정혜선의 삶에 영향을 미친 중요한 사건들을 차례로 지켜보게 된다. 이를 통해 관객들은 그녀가 주체적으로 상황을 판단하고 대처하지 못하여서 불행한 결과에이르렀다는 점을 이해하게 된다. 마당극에서는 극시간과 극공간을 자유롭게 이동시킴으로써 관객들이 결과보다는 과정에집중할 수 있도록 유도하는 효과를 얻고 있다.

2. 극시간

　지금 현재 관객의 눈앞에서 공연이 이루어지고 있으므로 극인물의 시간은 관객의 시간과 동일하게 흘러간다. 항상 미래를 향해 나아가기만 하는 보편적 시간 특성이 관객과 극인물에게 동일하게 적용되므로, 마당극 공연에서 필요한 극시간의 운용을 위해서는 특별한 공연기법이 필요하다. 극인물들은 공연기법을 통해 시간의 연속성을 끊고 현재에서 과거로, 혹은 미래로 극시간을 옮겨 갈 수 있다. 마당극의 관객들은 사실적 표현의 무대극에 비해 극시간의 이동이 자유롭다는 정도는 이해하고 있다. 그럼에도 불구하고, 극시간이 바뀐다는 사실이 명확하게 관객에게 전달되지 않으면 극사건의 이해에 혼란이 발생하게 되므로, 마당극 공연담당자는 적절한 공연기법을 구사하는 데 신경을 써야 한다.

1) 극인물의 설명

　극시간의 변화를 관객에게 전달하기 위해 마당극에서 가장 널리 사용되는 공연기법이 극인물에 의한 설명이다. 극시간이 과거 혹은 미래로 이동한다는 사실을 관객에게 직접 알려주는 것이며, 다시 현재 시간으로 돌아올 때에도 마찬가지이다. 〈신태평천하〉에서는 무성영화에서 차용해온 변사를 설정하여 그러한 역할을 맡겼다. 윤사장은 자신이 귀가했을 때 약속한 확인 절차를 수행하지 않고 대문을 열어준 며느리를 호되게 야단친다. 별다른 사전 정보가 주어지지 않은 탓에 관객은 그 상황을 이해할 수 없다. 변사는 관객에게 그 이유를 설명하기 위해 한 달 전에 일어났던 사건을 보여주겠다고 말한다.

> 변사 : 손님들 중에는 윤사장 저 영감이 왜 저러나 하고 궁금해할 분들도 많은 것 같으니, 자초지종을 말씀드리자면 이런 사연이 있습지요. 바로 한 달 전쯤의 일입니다. 지금처럼 어둑어둑해지려는 저녁 무렵에 어떤 이가 찾아와 벨을 눌렀습니다. 띵동. 띵동.

변사의 설명을 들었기 때문에 관객들은 벨 소리가 들린 이후 무대에서 보게 되는 상황이 현재가 아니라 과거에 벌어졌던 사건이라는 사실을 알 수 있다. 윤사장 일가는 여론조사원을 가장하여 찾아온 강도에게 집안에 숨겨두었던 거액의 달러를 비롯해 값비싼 보석까지 몽땅 빼앗기고 말았다. 범인은 윤사장에게 돈을 빌렸다가 만기일을 넘겼다는 이유로 강제 차압당한 차량 정비소의 사장이었다. 그 이후 윤사장은 누구든지 집에 들이기 전에 반드시 신원 확인을 철저하게 하라고 가족들에게 엄명을 내린 것이다. 이처럼 극시간의 이동으로 과거 상황이 무대에서 재현되는 경우를 '회상의 장면화'라고 부른다. 회상의 장면화를 이용하면 관객들이 과거의 사건을 직접 목격하게 되므로, 그 사건이 현재에 미친 영향을 이해하기 쉬워지는 장점이 있다.

〈아름다운 사람〉에서도 극인물의 설명으로 극시간을 이동시키고, 그 상황을 회상의 장면화로 표현하고 있다. 정혜선이 조태오로부터 청혼받던 날의 상황이 극시간의 이동을 통해 무대에서 재현된다. 자신이 원하는 결혼 생활에 대해 조태오가 제대로 이해하지 못하자 정혜선은 단호하게 관계를 청산하고자 하였으나, 조태오가 다시 찾아온 것이다.

> 정혜선 : 마음이 조금씩 흔들리기는 했지만, 결혼에는 마음이 없었심더.
> (잠시 호흡을 가다듬고) 두어 달 흐른 뒤 겨울이었는데예, 퇴근하고 집으로 가는데 골목에서 누가 부르데예. 조씨였습니다.

> 조태오 : (흥분된 목소리) 혜선씨, 혜선씨. 풍물처럼 살고 싶다는 거 이제 알았심다. 그걸 이야기할라꼬 회사도 조퇴하고 여기서 기다리고 있었심다. 얼어 죽는 줄 알았심다. 지금부터 말해 보께예.

강연자 정혜선이 그간의 사정을 설명하고 있는 극시간은 관객과 동일한 현재이지만, 조태오가 사랑을 고백하는 상황은 과거이다. 그녀가 조태오가 찾아온 상황을 설명하면서 과거라는 사실을 설명하였기 때문에 관객들은 회상의 장면을 보고 있다는 사실을 인지할 수 있다. 극시간의 이동으로 관객들은 정혜선이 처음에 거부하였던 조태오와 어떻게 결혼하게 되었는가 하는 궁금증을 바로 풀 수가 있게 된다. 이를 통해 관객들은 자기 삶의 주체가 된 그녀의 모습, 그리고 그녀가 바라는 공동체적 삶에 대해 충분히 이해하게 되는 것이다.

2) 시간의 분절

노인들 중에 "내가 살아온 내력을 소설로 쓰면 책 몇 권이 나올 거야"라고 말하는 이가 있다. 자신이 살아온 내력이라고 말은 하지만, 자신의 삶에 대한 모든 시간을 시시콜콜하게 모두 말하지는 않는다. 자신의 삶에서 중요하다고 판단된 시간으로 옮겨 가면서 이야기를 하기 마련이다. 공연에서도 이러한 경우를 자주 접할 수 있다. 긴 시간에 걸쳐 있는 사건을 의미 단락으로 나누어 극 전개에 필요한 부분만 극화한다. 긴 시간의 이야기를 나누어 극에 담아내는 기법을 '시간의 분절(segment of time)'이라 한다.

시간의 분절은 특정 사건의 경과를 요약하여 제시하거나, 관객들도 잘 알고 있는 내용을 압축적으로 전달하려는 경우에 특히 유용하다. 예를 들면 관객에게 대구 10월 항쟁을 소개하기 위해 중요한 사건을 중심으로 시간을 잘라서 전달하거나, 누구나 잘 알고 있는 〈춘향전〉의 필요한 부분만 이용하면서 전체를 관객에게 환기시키는 경우이다. 시간의 분절 기법은 극 전개에 필요한 긴 시간의 이야기를 극 속으로 끌어들이면서도 전체 공연 시간의 부담을 줄여주는 효과가 있다. 긴 시간의 이야기가 분절되므로 특정 시간에서 다른 시간으로 이동이 빈번하게 일어난다. 무대에서 진행되고 있던 극사건의 시간이 단절되면서, 특정 시간으로 건너뛴다는 사실을 관객들이 분명히 알 수 있도록 하여야 한다. 그렇지 않을 경우 관객은 갑자기 달라진 극시간에 혼란을 느끼게 되고, 극 내용을 이해하는 데 있어서도 문제가 발생할 수 있다. 극인물을 통한 설명, 시각적 효과를 이용하여 전달하기 등 다양한 방법으로 시간의 분절을 만들어낼 수 있다.

〈천일야화〉 넷째 마당의 도창이다. 판소리는 서사적 내용을 음율에 실어 전달하기 때문에 관객에게 정보를 전달하기가 용이하며, 그 자체가 볼거리이므로 관객은 극 전개의 단절감을 바로 느끼게 된다.

〈천일야화〉의 넷째 마당에서는 극인물을 통한 설명의 예를 볼 수 있는데, 창극에서 도입된 도창의 기능을 활용한 것이다. 넷째 마당에서는 일찌감치 아이의 장래를 결정하고 기획 양육에 나선 부부의 이야기를 비판적 시각에서 다루었다. 기획 양육의 현실을 보여주기 위해 부부의 결혼부터 아이의 고등학교 입학까지 발생한 여러 상황들을 다루고 있다. 시간의 분절을 관객에게 분명하게 인식시키기 위해 도창의 판소리를 활용하여 극시간의 이동을 전달하고 있다. 결혼식 후에 덕담을 나누는 폐백에서 신랑과 신부는 아이를 하나만 낳아서 판사로 키울 것이라 선언하여 어른들을 기절초풍하게 만들었다. 그 다음 장면의 극시간은 결혼식으로부터 2년 정도 시간이 흐른 뒤의 아이 돌잔치 날이다.

> 도창 : (아니리) 꿈같은 신혼은 훌쩍 지나가고, 태기가 있난다. (잦은몰이) 흉한 것 보지 않고, 나쁜 소리 듣지 않고, 십삭일이 찬 연후에, 해복 기미가 있구나. 병원으로 달려간 후 신랑의 안절부절 눈뜨고는 못보겠네. 응-애, 응-애, 그 아이 울음소리에 병원이 떠나가네. 세월이 훌쩍지나 돌날-이 되었구나. 사돈에 팔촌에 고모이모 모두 모두 자리 같이 했-네.

결혼식 후 폐백 자리에서 일어난 황당한 사연이 마무리되면, 도창이 등장하여 위와 같은 내용을 판소리에 실어 전한다. 도창의 판소리는 관객에게 낯섦을 안겨주므로 그 자체로 이미 앞뒤 삽화 사이에 단절효과를 만들어낸다. 도창의 판소리를 통해 관객들은 아이가 태어났고, 어느덧 돌날이 될 만큼 시간이 흘렀다는 사실을 인지하게 된다. 이어서 돌잔치에서 아이가 재판정에서 사용하는 방망이를 집도록 유도하는 부모의 우스꽝스러운 노력을 보게 된다. 이러한 방식으로 시간을 분절시키기 때문에, 넷째 마당의 20여 분 동안 15년 정도 이어지는 부모들의 잘못된 전체 모습을 관객에게 보여줄 수 있게 된 것이다.

시간이 분절되었다는 사실을 관객들이 알 수 있도록 시각적 효과를 이용하는 방법도 있다. 〈춘향전을 연습하는 여자들〉의 둘째 마당에서는 고전소설 〈춘향전〉을 연극화하여 보여준다. 여성 연극제에 참여하기 위해 아파트부녀회 회원들이 〈춘향전〉을 연습하고 있었는데, 작품의 내용에 대해 이견이 발생하였다. 그 점을 해소하기 위해 아파트 주민들을 모아 〈춘향전〉을 보여주고, 의견을 들어서 새로 정리하기로 한 것이다. 그러므로 〈춘향전을 연습하는 여자들〉의 둘째 마당은 그들이 그때까지 연습한 작품에 해당한다. 그 내용은 춘향과 몽룡의 광한루 만남부터 암행어사 출두까지 보여주는 설정이지만, 시간의 분절을 이용하여 긴 이야기를 단축시켰다. 관객들이 이미 알고 있는 이야기를 시시콜콜하게 모두 다룰 필요는 없기 때문이다. 둘째 마당의 〈춘향전〉 시연에서 시간의 분절이 있다는 사실을 관객에게 인식시키기 위해, 분절이 이루어질 때마다 배우 중의 한 명이 이어지는 삽화의 제목을 크게 쓴 팻말을 들고나와 보여준다. 예를 들면, 광한루-첫날 밤-이별-변사

또 기생점고-수청과 수절의 순으로 팻말이 등장한다. 고전소설 〈춘향전〉의 내용을 관객들은 익히 알고 있으므로, 팻말의 내용만 보고도 시간이 건너뛰었다는 사실을 이해하게 된다.

3. 극공간

극공간은 극사건이 전개되는 공간이다. 극공간은 무대에 구체적으로 설정되며, 그 속에서 배우들이 연기를 하게 된다. 그러므로 미국 구축함과 독일 잠수함이 바다 위와 아래에서 생사를 걸고 싸우는 딕 파웰 감독의 영화 〈상과 하〉(Enemy below)와 같은 극공간은 무대에서 구현하기 어려우므로 피하는 것이 바람직하다. 마당극은 사실적 표현의 무대극에 비해 극공간의 이동이 자유로운데, 극공간을 규정하기 위해 사용하는 무대장치가 최소화되기 때문에 가능하다. 〈아름다운 사람〉의 무대장치는 나무로 만든 작은 네모 상자 하나이며, 〈천일야화〉도 무대에 고정적으로 설치된 것이 없으므로 극공간의 이동에 제약이 크지 않다.

극공간 설정에 있어서 사실적 표현의 무대극과 마당극이 확연하게 구분되는 점은 제4의 벽(the fourth wall)의 유무이다. 예를 들어 〈소〉(유치진)의 경우, 공연담당자들은 극장의 무대와 관객석 사이에 보이지 않는 벽이 있다고 가정하고 공연한다. 제4의 벽이라 부르는 상상의 벽으로 인해 무대의 배우와 객석의 관객은 동일한 극장 공간 내에 있으면서도 완전히 분리되어버린다. 제4의 벽이 가로막고 있으므로, 무대의 극공간에 관객이 개입하는 것은 불가능하다. 이와 달리 마당극은 제4의 벽을 의도적으로 깨뜨리고 있다. 무대와 객석은 구분되지만, 공연담당자의 필요에 따라 그 경계가 허물어진다. 극공간은 원칙적으로 배우들의 공간이지만, 공연담당자의 필요에 따라 관객들의 개입이 이루어지기도 한다.

1) 무대의 극공간과 일상 공간

사실적 표현의 무대극에서는 무대와 객석의 구분이 확실하다. 제4의 벽이 존재하고 있는 이러한 극의 관객은 무대를 극공간과 일치시켜 생각한다. 무대와 객석 사이의 소통을 의도하고 있는 마당극에서도 무대가 극공간으로 인식되는 작품들이 많다. 〈신태평천하〉, 〈오월의 편지〉처럼 자신의 역할을 마무리한 배우가 무대 바깥으로 퇴장하고, 자신의 역할에 맞추어 무대로 등장하는 경우가 그렇다. 그와 달리 〈아름다운 사람〉, 〈천일야화〉, 〈나무꾼과 선녀〉에서는 무대 바깥으로 배우가 퇴장하지 않는다. 배우는 관객이 무대라고 생각하고 있는 곳에 계속 머물고 있고, 필요한 소도구를 챙기거나 의상을 갈아입는 것도 관객에게 노출된 공간에서 이루어진다.

일부 마당극에서 무대를 분할하여 극공간과 다른 일상 공간으로 사용하고 있는 이유는 관객의 능동성을 제고하려는 목적이다. 배우가 무대 바깥으로부터 등장하는 경우 관객은 극 공간에서 역할을 수행하는 모습만 보게 되기 때문에 배우의 모습은 사라지고 극인물이 부각된다. 무대 위에 계속 머무는 경우, 배우가 연기를 하고 있을 때뿐만 아니라 대기하고 있는 상황까지 관객이 볼 수 있으므로, 극인물에 대한 환상이 줄어들게 된다. 관객들은 연기를 하고 있는 극인물과 대기 중인 배우를 동시에 바라볼 수 있으므로, 지금 현재 연극을 보고 있다는 사실을 계속 의식하게 된다. 극 공연에 대한 신비감이 제거되어 마음이 편해진 관객들은 공연담당자들의 요구에 응답하기가 훨씬 쉬워진다.

〈나무꾼과 선녀〉는 "아동관객의 자발성에 기초"한 열린 결말의 연극이며, 아동관객들이 원하는 방향으로 결말을 새롭게 만들어 보는 작품이다. 아동관객들이 자신이 원하는 극의 결말에 대해 의견을 말하고, 상대의 의견을 경청하면서 함께 새로운 결말을 만들어 나가는 경험을 〈나무꾼과 선녀〉를 통해 할 수 있도록 의도하였다. 이러한 목적을 수행하려면 그때까지 아동관객들이 알고 있는 연극, 즉 무대의 배우 연기를 조용하게 지켜보아야 한다는 고정관념을 바꾸어 줄 필요가 있다. 〈나무꾼과 선녀〉는 극을 시작하면서 아동관객에게 극공간과 일상 공간이 별개가 아니라는 사실을 알려주고자 한다.

관객들이 공연장에 입장하면 이미 배우들은 무대에 나와 각자 할 일을 하고 있다. 배우들은 아동관객의 시선을 끌기 위하여, 그들의 호기심을 유발할 수 있는 계기를 마련하여야 한다. 예를 들면, 옥황상제 왕관을 쓰고 무대를 걸어본다든가, 피리를 이용하여 새소리 같은 특별한 효과음을 들려주는 것 등이다. 이러한 행동들은 아동관객에게 연극을 보러왔다는 사실을 환기시켜 줄 뿐만 아니라, 연극이 어떻게 만들어지는 것인지를 짐작하게 만드는 효과를 유발할 것이다.

극이 시작한 후에도 배우들은 항상 무대에 머물고 있다. 무대의 일부에 배우들이 일상 공간으로 사용할 수 있는 공간을 설정해 두고, 그곳에서 등퇴장 하여 아동관객들이 배우에 대한 환상을 가지지 않도록 유도하였다. 극공간에서 연기하는 배우와 일상 공간에서 준비하는 배우를 동시에 보는 동안 아동관객들은 극에 대한 환상을 가지지 않게 된다. 연극 공연이라는 것이 그들이 하는 놀이와 크게 다를 바 없다는 생각을 가진 아동관객들은 마음이 편해지므로 "우리 나무꾼과 선녀를 다시 만들어 보자"라는 배우들의 제안에 반응을 수월하게 보여주게 된다.

2) 가시적 공간과 비가시적 공간

공연이 이루어질 때 작품 속의 극공간은 '가시적 공간'과 '비가시적 공간'으로 구분된다. 가시적 공간은 관객이 보고 있는 무대의 극공간이고, 무대에서 볼 수 없으나 관객의 상상으로 구축되는 곳이 비가시적 공간이다. 마당극은 가시적 공간을 무대 상에 구축하더라도 사실적인 무대장치를 많이 사용하지 않는다. 〈신태평천하〉에 가장 많이 등장하는 장소는 엄청난 재력가인 윤사장의 집이다. 〈신태평천하〉에서는 호화로운 그의 집을 사실적으로 형상하지 않고, 화려하게 치장된 윤사장의 집이라는 설정을 알려 줄 뿐이다. 그렇기 때문에 극공간을 변경하는 데 있어서 무대장치를 들고나는 어려움이 줄어들어 빠른 극 진행이 가능하다.

가시적 공간만으로 극공간이 구성될 경우 극사건의 전개가 단조로워질 가능성이 높아진다. 모든 극 내용이 관객이 보는 극공간에서 전개되기 때문이다. 〈신태평천하〉에서 윤사장 집의 거실은 가시적 공간이고, 관객에게 보이지 않지만 2층에 있다고 짐작이 가는 윤거부나 윤미영의 방은 비가시적 공간이다. 윤사장이 집에 돌아와 거실에 들어설 때 마침 변호사 최대복과 그의 딸 미영이 2층에서 내려온다. 두 사람 중에 "미영은 명랑해 보이는 데 비해 최대복은 풀이 죽은 표정"이어서 관객들은 그들 사이에 뭔가 다툼이 있었을 것이라고 짐작하게 된다. 이후 최대복이 "다시 한 번 생각해 주십시오"라고 간청하자, 미영은 "한창 꽃필 나이에 갇혀 살란 말이에요?"라고 반문한다. 관객들은 이들의 대화를 들으면서 무대에서 보이지 않는 미영의 방에서 어떤 이야기가 오고 갔으며, 최대복이 왜 풀이 죽어 있는지 짐작할 수 있다. 이처럼 비가시적 공간을 활용하면 극사건의 진행을 원활하게 하면서 극 내용을 더욱 풍성하게 만들 수 있게 된다.

3) 극공간과 공연공간 일치

마당극은 공연의 사실성을 높이기 위해 극공간과 공연공간을 일치시키는 공연기법을 자주 사용한다. 공연공간이란 실내극장 혹은 야외 공연장처럼 마당극이 공연되고 있는 곳이다. 공연공간과 극공간이 일치될 경우, 극에서 다루고 있는 내용에 대해 관객이 가지는 친밀성을 높일 수 있다. 고전 가면극에서도 공연공간과 극공간을 일치시키는 공연기법을 활용하였다. (조동일,『탈춤의 원리 신명풀이』, 115-116쪽) 통영오광대 둘째 과장에서 미얄이 악사와 만나고, 원양반이 시끄러워서 야단치러 나온 곳은 오광대 놀이판이다. 관객이 보고 있는 오광대 놀이판이 둘째 과장의 극공간이 되었으므로, 공연공간과 극공간이 일치된 것이다. 극의 도입부에 해당하는 첫째 마당에서 극공간과 공연공간을 의도적으로 일치시켜 사실성을 증대시키고 있지만, 때로는 마당극 전체가 일치하는 경우도 있다.

〈오월의 편지〉, 〈아름다운 사람〉, 〈춘향전을 연습하는 여자들〉은 극 전체의 극공간과 공연공간이 일치하고 있다. 공연이 진행되는 동안 극공간이 자주 바뀌더라도 기본 극공간이 공연공간과 일치되어 있으면 작품의 사실감이 크게 증대될 수 있다. 〈오월의 편지〉는 해고 및 비정규직 노동자를 위한 문화마당, 〈아름다운 사람〉은 여성만의 큰 잔치, 〈춘향전을 연습하는 여자들〉은 헤븐 트윈스 아파트 연극동호회 시연회장을 극공간으로 하고 있다. 각각의 극공간은 현재 공연하고 있는 장소에서 이루어지는 행사로 설정되어 있으므로 두 공간이 일치되는 것이다. 이 경우 관객들은 해당 행사에 참석하러 온 사람들로 설정된다.

〈춘향전을 연습하는 여자들〉의 공연장 입구에는 〈춘향전〉 시연회를 알리는 각종 게시물을 설치해둔다. 아파트 여성회가 주관하는 행사에 참석하고 있다는 느낌을 관객에게 심어주기 위한 것이다.

〈춘향전을 연습하는 여자들〉의 주동인물들은 헤븐 트윈스 아파트의 부녀회에서 관리하는 연극동호회 회원들이다. 이들은 여성 연극제에 참여하기 위해 연습한 〈춘향전〉을 아파트 주민들에게 보여주고, 의견을 수렴하기로 결정했다. 그들은 아파트 주민회에 그 사실을 공지하였고, 공연에 관심이 있거나 부녀회와 관련 있는 아파트 주민들이 그날 그 공연장으로 찾아온 것이다. 극공간인 〈춘향전〉의 시연장소와 〈춘향전을 연습하는 여자들〉의 실제 공연공간의 일치도를 높이기 위한 여러 가지 사전 준비가 있다.

1. 공연장 입구에서부터 객석에 이르기까지, 연극공연장에서 만날 수 있는 경직된 분위기를 최대한 제거하여야 한다. 공연장 입구에는 「헤븐 트윈스 아파트 연극동호회 시연회장」 「경축, 〈춘향전〉 시연회, 헤븐 트윈스 아파트부녀회 일동」 등등의 현수막을 붙여 시연회라는 설정을 관객들이 알 수 있도록 한다.
2. 가상의 아파트 동호수가 적힌 명패에 관객의 실제 이름을 적어 달게 함으로써 관객들이 극에 대한 일체감을 느낄 수 있도록 해주기 바란다. 극 중에서 관객의 이름이 필요한 경우 명패에 적힌 대로 불러 주어야 한다.
3. 배우들도 실제 이름을 그대로 사용하여, 관객들이 느끼는 현실감을 높여야 한다.

관객들은 극장으로 들어오면서 각종 게시물을 통하여 이곳이 아파트 연극동호회의 시연장임을 인지하게 된다. 이어서 공연장 입구에서 자기 이름이 적힌 헤븐 트윈스 아파트의 명찰을 받으면서 관객들은 자신을 시연회장에 찾아온 주민으로 인식하게 된다. "관객들이 입장을 하면, 배우들도 출입구 및 객석에 자연스럽게 자리를 차지하여 마치 같은 아파트의 주민을 만난 듯이 인사하고, 담소를" 나누면서, 극이 시작하기 전까지 "같은 아파트의 친구와 선후배들이 만들어낼 수 있는 분위기, 즉 약간 수다스러운 잡담으로 들떠 있는 분위기"를 유지한다. 이러한 과정을 통하여 관객은 극공간과 공연공간의 일치를 분명하게 받아들이게 된다.

극공간과 공연공간의 일치는 〈춘향전을 연습하는 여자들〉의 주제를 강화하는 데 있어서 중요한 역할을 하게 된다. 〈춘향전을 연습하는 여자들〉의 내용 전개는 첫째 마당에서 시연회를 개최하게 된 이유를 설명하고, 둘째 마당에서 〈춘향전〉의 시연을 보고, 셋째 마당과 넷째 마당에서 아파트 주민들의 의견을 모아서, 다섯째 마당에서 새로운 〈춘향전〉을 소개하는 공연을 한다. 〈춘향전을 연습하는 여자들〉에서 중요한 것은 우리가 익숙하게 알고 있는 〈춘향전〉을 요즘 시대에 맞는 〈춘향전〉으로 재탄생시키는 동력이 우리 자신에게서 나와야 한다는 생각이다. 극공간과 공연공간을 일치시킴으로써 전문 극단의 공연을 구경하러 왔다는 관객의 느낌을 최소화시키고, 이를 통해 작품 속의 새로운 〈춘향전〉 만들기에 자신도 일조하고 싶다는 생각이 들도록 이끌 수 있다.

4) 극공간의 확장과 환원

마당극 공연에서는 극공간의 확장과 환원이 빈번하게 일어난다. 무대의 극공간이 관객석까지 확장되었다가 다시 원래대로 환원하는 경우인데, 극에 대한 관객의 참여를 높일 수 있는 기법이다. 관객의 입장에서 보면 극공간은 배우들이 연기하는 곳이며, 객석은 관객이 극공간에서 일어나는 일을 구경하는 곳이다. 이러한 이분법적인 관행을 자연스럽게 깨뜨리기 위해 마당극에서는 극공간의 확장과 환원을 위한 여러 가지 공연기법을 사용하고 있다. 그중에서 관객석의 특정 인물을 관객배우로 설정하는 방법이 가장 많이 쓰이고 있다.

〈춘향전을 연습하는 여자들〉의 첫째 마당에서 연극동호회 회원들이 시연회 준비를 하고 있다. 동호회의 막내인 서민우가 소품으로 쓰기 위해 집에 있는 벽걸이를 부수어 마패만 빼 들고 들어온다. 그것을 본 연극동호회 회원들은 반겼으나, 부모와 의논도 없이 들고 온 사실을 알고 당황한다.

> 박연희 : 야가, 철딱서니 없구로. 니, 집에는 말했나?
>
> 서민우 : 엄마가 안 계셔서 그냥….
>
> (세 명이 일제히 한 명의 여성 관객을 바라본다)
>
> 박연희 : 아이고, 민우 어무이, 미안합니더. 시킨 건 아이라예.
>
> 서민우 : 마패가 없으면 시연회를 못한다고, 꼭 구해오라고…….
>
> 박희진 : 잘 했다, 잘 했어. 역시 춘향이가 제일이여!
>
> 박연희 : 아이구, 야들이. (관객에게) 민우 어무이, 제가 그래 시킨 건 아입
>
> 니데이, 저를 잘 알지예? (…후략…)

연극동호회 회원들끼리 이야기를 나눌 때까지 극공간은 무대로 한정되어 있다. 서민우가 "엄마가 안 계셔서 그냥"이라고 말하자 모두 동시에 관객석의 한 여성을 바라본다. 해당 여성 관객이 서민우의 엄마로 지정되는 순간에 객석까지 극공간이 확장되는 것이다. 박연희가 여성 관객을 민우의 어머니로 부르면서 극공간의 확장은 전체 관객이 모두 인지할 수 있게 된다. 관객들은 극공간의 확장을 경험하면서 자기 자신이 〈춘향전을 연습하는 여자들〉 공연에 직접 관계하고 있음을 다시 확인할 수 있게 된다. 이후 박연희를 찾는 전화가 오자 극인물들이 그녀 주위로 모여들면서 확장되었던 극공간은 환원되고, 무대와 객석은 다시 분리의 상태로 돌아간다.

극공간 확장의 두 번째 경우는 극공간과 공연공간을 일치시키는 경우이다. 이 경우에는 극장의 모든 관객이 스스로 극인물의 일원이 되었음을 알 수 있도록 상황을 설정하는 것이 매우 중요하다. 극공간과 공연공간을 일치시킴으로써 극공간을 확장하였을 경우, 마당을 달리하기 전에는 극공간의 환원이 어렵다는 점을 고려하여야 한다. 〈춘향전을 연습하는 여자들〉이 그 예가 되는데, 셋째 마당에서 극공간과 공연공간의 일치가 이루어진 이후 공연의 마지막까지 그러한 설정이 유지된다.

〈춘향전을 연습하는 여자들〉의 셋째 마당에서 연극동호회 회원들은 조각그림 만들기를 통하여 아파트 주민들의 의견을 모으기로 한다. 이를 위해 관객들 중에서 참여자를 모집하고,

그들을 무대의 벽면에 놓여 있는 의자에 앉도록 한다. 무대에 앉아 있는 관객들과 객석의 관객들은 서로 바라볼 수 있으므로, 마치 원형무대를 관객들이 둘러싸고 있는 느낌을 가질 수 있다. 이를 통해 관객들은 극공간이 공연공간 전체로 확장된 사실을 알 수 있게 된다. 극공간이 공연공간과 일치되면 무대와 객석의 구분이 거의 없어지게 되므로, 관객과 배우의 일체감은 한층 강해진다. 극장을 찾은 관객 모두가 관객배우가 되는 경우라 말해도 좋겠다. 이를 통해 토론연극과 같은 고난도의 협동작업도 가능해진다.

> 탁정아 : 괜찮아요, 요즘 아무 문제 없잖아요. (무대 위에 있는 모두를 둘러보며)
> 내 말 맞죠?
>
> (무대 위 배우와 관객배우들의 호응이 제각각이다)
>
> 탁정아 : (객석의 관객에게) 내 말 맞죠? (다시 또 물어보려고 할 때)
> 서민우 : 언니, 언니. 그냥 묻지 말고 연극으로 보여주는 게 어때요?
> 탁정아 : 연극?
> 박희진 : 언니 이야기를 우리가 연극으로 만들어 보여주고, 그 다음에
> 관객들의 이야기를 들어보는 게 어때요?
> 서민우 : 아하! 토론연극.

미국산 소고기 수입을 찬성하는 자기주장에 힘을 얻기 위해 탁정아는 무대 위에 나와 있는 관객배우들에게 의견을 묻

는다. 당연히 다양한 입장의 의견들이 나올 것이므로, 박희진이 토론연극을 제안하게 되는 계기가 만들어진다. 토론연극은 관객들의 자발적 참여가 없이는 이루어질 수 없다. 〈춘향전을 연습하는 여자들〉의 셋째 마당처럼 극공간이 극장 전체로 확대되어 있을 때 토론연극에 대한 관객 참여도가 높아질 수 있다. 동일한 극공간에 같이 있는 사람들이 의논하여 토론연극을 하기로 결정하였으므로, 모두 참여하는 것은 당연한 일이기 때문이다.

세 번째의 경우는 극공간을 공연공간을 넘어 확장시키는 것이다. 이러한 방식의 극공간 확장은 실내극장보다 야외극장에서 사용하기에 유리하다. 공연공간을 넘어 극공간이 확장되는 경우 극사건이 관객들이 살아가는 실제 공간으로 전이되는 효과가 발생하여, 공연 이후에도 관객들에게 영향을 길게 미칠 수 있게 된다. 극공간을 공연공간 너머까지 효과적으로 확장시키려면, 단번에 극공간을 확장시키지 말고 단계적으로 시도하여야 한다. 공연공간 내에 머물고 있던 극공간이 단번에 공연공간 바깥으로 확장될 경우 관객들이 그 상황을 즉각 받아들이기가 어렵기 때문이다.

〈오월의 편지〉는 두 단계를 거쳐서 극공간을 확장시키고 있다. 〈오월의 편지〉 넷째 마당은 문화마당에 참여한 모든 사람들 중에 자원한 배우들이 내부의 충돌을 이겨내고 단합하여 〈영희의 일기〉라는 제목의 촌극을 공연하는 내용이다. 넷째 마당은 무대 내에 극중극인 〈영희의 일기〉를 위한 극공간이 존재하고 있으므로, 관객들은 무대에서 촌극을 공연 중인 극공간을 포함한 두 곳의 극공간을 보게 된다. 이때까지는 무대와 객석이 분리된 형태이지만, 〈영희의 일기〉의 마지막에 극공간이 공연공간 전체로 확장이 된다. 생활고에 시달리고 있는 실직 노동자의 집을 찾아온 동료 노동자는 "봉급의 1할씩 떼어서, 해고당한 가족 한 집씩 책임"지고, 사용자 측에 "노동시간을 줄여서 일자리를 더 만들자"는 제안도 하기로 했다는 소식을 전한다. 그리고 영희 아버지의 손을 끌고 집 밖으로 나간다.

> 여성 노동자 : 눈감고 가이시더.
>
> > (동료1과 2, 여성 노동자는 눈을 감고 있는 아빠를 데리고 나간다. 가족들도 따라
> >
> > 나간다)
> >
> > (관객들과 마주보게 선다)
> >
> > (아빠, 눈을 뜬다. 놀란다)
>
> 동료2 : (관객을 가리키며) 여기 찾아온 사람들이 우리하고 뜻을 같이한 공
> 장사람들입니다.
>
> 아빠 : 무슨?
>
> 동료1 : 해고를 면한 우리가 가만있으면 안 되겠다고 생각하고.
>
> 동료2 : 열 사람들이 봉급의 1할씩 떼어서, 해고당한 가족 한 집씩 책임
> 지기로 결정했심다.
>
> 동료1 : 함께 나눠 쓰면서, 우쨌든지 견디어 보입시다. 무슨 수가 생기지

　　　　않겠는교.

여성 노동자 : 노동 시간을 줄여서 일자리를 더 만들자는 이야기도 해볼
　　　　　　라캄니더.

동료2 : (관객에게) 아재도 한 말씀 하이소.

관객배우 : (이미애가 신호를 주면) 힘내세요. 우리가 있잖아요. 파이팅!

　〈영희의 일기〉에서 영희의 집을 찾아온 동료 노동자들이 관객을 가리키면서 "우리하고 뜻을 같이한 공장사람들"이라고 소개한다. 그러한 상황 설정은 객석의 관객배우가 힘차게 외치는 구호를 통해 모든 관객에게 분명하게 각인된다. 영희 아버지가 일했던 공장의 동료 노동자로 관객들이 설정되면서 일차적인 극공간의 확장이 일어난 것이다.

　극공간이 공연공간을 넘어 바깥까지 확장되는 것은 줄 당기기 시합이 있기 때문이다. 힘겨운 해직자 생활로 인해 낙망하고 있던 영희의 가족은 다시 힘을 얻게 되었다. 함께 살아가는 세상에 대한 믿음을 회복한 노동자들은 "작년 야유회 때 맨키로 줄 당기기 한 판" 하면서 신명나게 놀아보기로 한다. 줄 당기기가 실제로 이루어지는 다섯째 마당에서 극공간은 야외극장의 바깥으로 확장이 된다. 배우들이 앞장서서 관객들을 이끌고 공연장 바깥으로 나가면서, 이차적인 극공간의 확장이 일어나는 것이다. 일차적인 극공간의 확장을 통해 관객들은 그들이 영희의 가족을 찾아온 동료 노동자 역할이라는 점

을 이해하고 있었으므로, 배우들과 함께 바깥으로 나가 줄 당기기에 참여하는 것이 어색하지 않다.

공연장의 바깥에는 영산 줄다리기와 같은 형태의 암줄과 수줄이 놓여 있고, 풍물패가 흥을 돋운다. 공연담당자들은 관객들을 암줄과 수줄에 적절히 나누어 배치하며, 이때부터는 배우와 관객의 구분이 사실상 없어지게 된다. 줄 당기기를 위한 준비가 되면 이미애가 앞으로 나선다.

이미애 : 줄 당기기는 농사가 잘 되기를 비는 농민들의 마음이 담겨져 있는 놀이입니다. 서로 힘을 합하여 줄을 당기면서, 한 해의 고된 농사일을 함께 헤쳐 나갈 준비를 하였습니다. 오늘 이 자리에 함께 선 우리들도 험하디 험한 세상살이를 함께 헤쳐 나갈 마음을 나누어야 하겠습니다. 지금 줄을 잡고 선 우리의 마음이, 아니 이 자리에 함께 한 모두의 마음이 하나가 되었음을 믿으며, 암줄과 숫줄을 연결시키겠습니다.

(암줄과 숫줄을 거는 과정에서 서로 기싸움도 벌이면서 흥을 돋운다)

(마침내 연결이 되면, 이미애가 시작을 알린다)

(양편이 줄 당기기에 매달려 승패를 가린다)

(승패가 갈리면, 승자 쪽을 선언하고 나면, 같이 어울려 춤도 추는 뒷풀이로 연결한다)

(더 이상 연극이 아니라, 같이 힘을 모아 줄을 당긴 사람들, 구경꾼 모두가 마음 편하게 어울리면서 이야기를 나누는 자리로 만들어야 한다)

(자연스럽게 그 자리가 파해지면, 공연도 끝나는 것이다)

줄이 연결되면 양편에서 힘을 다해 줄을 당길 것이고, 어느 편이 이기든지 함께 힘을 모아 본 사람들의 만족감이 생겨날 것이다. 줄 당기기가 끝나면, 같이 모여 막걸리를 나누며 덕담을 나누는 시간을 가지게 된다. 이 자리에서 관객들은 자신이 보러 온 공연이 끝났다는 사실과 자기 자신이 그 공연의 일부로서 자리하고 있다는 사실을 동시에 깨닫게 된다. 다섯째 마당에서 공연장 바깥으로까지 나아간 극공간의 확장은 함께 사는 신명난 세상 만들기라는 극 주제를 강화하는 결정적 요인으로 작용하고 있다.

4. 회상의 마당화

마당과 마당 사이의 단절감을 이용하여 극시간과 극공간을 바꾸는 경우가 마당극에서 일반화되어 있다. 〈천일야화〉의 첫째 마당(教育之策은 一日之界라!)과 둘째 마당(천년만년 살고지고)의 극시간과 극공간은 전혀 다른데, 마당이 바뀌었으므로 관객들은 그러한 변화에 전혀 무리를 느끼지 않는다. 그와 달리 마당이 달라지더라도 극사건의 연속성을 살려 극의 주제를 강화시키는 경우도 있다. 병렬적 극짜임의 마당극과 달리 직렬적 극짜임의 마당극은 마당과 마당 사이에 느슨한 인과관계가 있으므로 그러한 시도가 가능하다. 극시간과 극공간이 앞의 마당이나 뒤의 마당과 분명히 다르지만, 관객이 극사건의 흐름에서 단절감을 느끼지 않도록 하는 것이다. 과거 상황을 무대에서 재현하는 회상의 장면화가 확대되어 독립된 마당이 된 것으로 볼 수 있는데, 이것을 '회상의 마당화'로 부르기로 한다.

〈오월의 편지〉의 마당별 제목은 상극(相剋)의 삶(둘째 마당), 광주, 그 아픔의 자리(셋째 마당), 상생(相生)의 삶(넷째 마당)이다. 제목에서도 알 수 있듯이 둘째 마당의 충돌이 넷째 마당에서 해결되는데, 그 계기는 셋째 마당에서 마련된다. 둘째 마당과 넷째 마당은 극시간과 극공간이 지금 현재의 공연장이라는 점에서 동일하지만, 셋째 마당만 1980년 5월의 광주로 설정되어 있다. 둘째 마당과 넷째 마당이 연속성을 가지고 있는데, 중간에 셋째 마당이 있어서 그러한 연속성이 단절되어 있는 것이다.

〈오월의 편지〉의 둘째 마당은 촌극 공연을 위해 모였던 노동자들 사이에 일어난 충돌을 다루고 있다. 노조 문화패의 이끔이 역할을 맡고 있는 이미애의 삶에 큰 영향을 미친 광주민중항쟁의 아픈 경험은 둘째 마당에서 다룬 상극의 삶에 연결되어 있다. 과거에 있었던 파업투쟁에서 동지들을 배신했던 이건수를 용서하지 못하는 박선희 때문에 행사가 불발될 상황에 이른다. 그때 이미애가 자신이 겪었던 광주민중항쟁에 대한 이야기를 시작한다.

> 이미애 : 많은 사람들이 그렇게 이야기하지요. 하지만, 오늘 세상을 떠
> 날 줄 알면서도 다른 사람을 생각했고, 자신에게 내일이 없다

는 사실을 알면서도 우리의 내일을 걱정해주는 사람을 저는 알고 있어요. 지금 내 곁에 없지만, 늘 나에게 올바른 길을 걸어가라고 속삭여주는 사람. 내가 힘들 때 나타나서 어깨 한 번 툭 쳐주고는 씩 웃으며 돌아서는 그런 사람을 알고 있지요.

최명선 : 이야, 멋지다!

윤문주 : 이 부장님, 그 사람에 대한 이야기 좀 해주이소. 그 사람이 우쨌는데요?

이미애 : ……….

최명선 : (관객들에게) 우리 그 이야기를 청해 들어보입시더. 어떻십니꺼? 박수! 박수!

윤문주 : (엄청 큰 목소리) 자, 그럼 이야기를 시작허겠습니다.

(무대 급격하게 어두워지면서, 무대 주위가 소란해진다)

셋째 마당 : 광주, 그 아픔의 자리

(무대 배경에 광주민주항쟁의 동영상이 비쳐진다)

(노래패들이 노래를 부르며 등장하며, 무대에서 계속해서 움직이며 노래를 부른다)

(관객들이 잘 보이는 방향에 높이 5M 정도의 대형 인형이 팔을 벌린 형태로 서 있다. 그 인형은 막강한 힘을 지닌 자의 오만함이 엿보이는 표정으로 관객을 내려 보고 있다)

대본에는 셋째 마당이 표시되어 있으나, 공연 중에 마당이 달라진다는 사실을 관객에게 알리지는 않는다. 둘째 마당의 말미에 이미애가 자신이 사랑했던 선배에 대해 귀띔하고, 이어서 윤문주가 "자, 그럼 이야기를 시작허겠습니다"라고 관객을 향해 선언한다. 극인물이 관객에게 극시간과 극공간의 이동에 대해 직접 알려주는 방식을 사용하였으므로, 암전이 되었던 무대가 다시 밝아지면서 노래패들이 등장하는 상황의 극시간이 과거임을 관객들이 받아들이는 데 전혀 문제가 없다. 이미애의 이야기를 무대에서 보고 있다는 관객의 느낌은, 둘째 마당과 셋째 마당 사이의 연결성을 강화시켜 준다.

넷째 마당은 둘째 마당과 연결성을 가지고 있다. 셋째 마당을 본 관객은 광주민중항쟁의 마지막 날에 김규진이 어떻게 죽음을 맞이하였는지 알게 된다. 이미애는 1980년 5월 광주에서 죽음을 눈앞에 둔 시민군을 외면한 광주시민들에게 큰 배신감을 느꼈다. 계엄군에 맞서기 위해 광주시민들이 도청으로 나와 주기를 바랐으나, 그렇지 못했던 상황에 절망한 이미애의 아픔이 강조되면서 무대는 어두워진다.

> 이미애 : 이 세상에 양심은 없다. 이 세상에 정의란 없다. 이 더럽고 치사한 세상에 더 이상 희망은 없다. 아무도 기억해주지 않는 죽음, 더러운 세상을 위해 죽어간 형은 정말 바보다. 나는 바보가 아니다. 나는 혼자다. 나는 혼자다. (울음 섞인 웃음을 터뜨린다)
>
> (거대한 인형이 두 팔을 흔들어 흡족한 모습을 보여준다)
>
> (이미애 천천히 퇴장)

넷째 마당 : 상생(相生)의 삶

(무대 밝아진다)

오태형 : (밖에서 들리는 소리) 부장언니, 선희씨. 임무 완수 했심다. (호들갑스
　　　　　러운 몸짓으로 등장) 아따 고 녀석이 얼마나 고집이 센지. 당최 말을
　　　　　안 들어요. 부장언…

윤문주 : (좇아 나오며) 쉿, 조용히!

　　　　　(최민수와 오선영이 이건수를 데리고 들어온다)

윤문주 : (조용히 이야기 듣자는 몸짓)

박선희 : 언니, 정말 마음고생 심했네예. (최명선에게) 맞제?

　　상처를 입은 이미애가 퇴장을 하면서 무대는 밝아진다. 대
본에는 넷째 마당이 표시되어 있으나, 실제 공연에서 마당이
바뀌었다는 사실을 관객들이 바로 알 만한 정보는 도중에 제
공되지 않는다. 그러나 둘째 마당의 마지막에 무대에 있던 극
인물들이 모두 그 자리에 있고, 이건수를 데리러 공연장 밖으
로 나갔던 오태형이 들어오는 것을 보면서 관객들은 과거 이
야기가 끝났음을 알게 된다. 지금 보고 있는 상황이 둘째 마당
의 마지막에서 연결되어 있음을 깨닫게 되는 것이다. 윤문주
가 이미애의 이야기를 계속 듣자는 시늉을 하고, 박선희가 "정
말 마음고생 심했네예"라고 말한다. 이를 통해 지금 현재 무대
에 서 있는 극인물들이 이미애로부터 들었던 이야기가 셋째
마당이라는 사실을 관객들도 알게 된다. 이러한 방식으로 둘

째 마당과 셋째 마당, 그리고 넷째 마당의 연결이 자연스럽게 이루어진다. 이를 통해 이미애가 광주민중항쟁에서 겪었던 사연이 이건수에 대한 박선희의 배신감과 연결되고, 넷째 마당의 소주제인 상생의 삶에 대한 깨달음으로 이어질 수 있게 된다. 더 나아가 동료에 대한 신뢰를 통해 함께 살아가는 세상을 만들어 가자는 주제가 강화되는 것이다.

5장 대사

1. 대사의 정보

　대사는 공연에서 극인물들이 주고받는 말이다. 대사의 대부분이 배우의 음성을 통해 전달되기 때문에 '주고받는 말'이라 정의하지만, 소리를 내지 않은 채 배우의 몸짓언어만으로 이루어지는 대사도 있다. 음성언어 한마디 없이 몸짓언어의 대사만 사용한 실험극도 있다. 대사는 관객이 극의 정보를 얻을 수 있는 가장 중요하고도 기본적인 수단이다. 대사는 공연에서 극인물들 사이의 의사소통을 담당하지만, 실제로는 공연담당자가 관객에게 극을 이해하는 데 필요한 갖가지 정보를 전달하고 있다.

　어떤 여성이 상대 남성에게 걱정스러운 목소리로 "밥은 먹었어?"라고 묻는 경우를 예로 들어보자. 이 상황에서 대사의 일차적 목적은 상대가 밥을 먹었는지 혹은 아닌지에 대한 사실 관계의 확인이다. 공연담당자와 관객의 의사소통이라는 이차적 목적에서 보면, 상대가 밥을 챙겨 먹고 다니고 있는지에 대해 걱정할 정도의 특별한 감정을 화자가 가지고 있다는 정보를 추가적으로 담고 있다. "밥은 먹었어?"라는 여성의 대사에서 관객들은 두 사람 사이에 있을 수 있는 여러 가지 가능성을 예상하게 되고, 그 이후 이어질 극사건을 기대하게 된다. 이처럼 공연을 관람하는 동안 관객들은 대사를 통해 정보를 계속 축적해 나가기 때문에 극인물과 극사건에 대한 이해가 점점 더 명확해지는 것이다.

〈천일야화〉의 넷째 마당이 시작할 때 극인물에 대한 정보가 관객에게 미리 전달된 것은 없다. 극인물들 사이의 대화를 통해 관객이 그들의 정보를 획득하는 것이다.

극의 대사는 목적성과 의도성을 가지고 있어야 한다. 대사는 공연담당자가 관객에게 전달하고자 하는 정보를 담아내려는 목적과 의도에서 만들어진다는 뜻이다. 회사의 상사가 부하 직원에게 긴급한 업무를 지시하는 상황과 한가한 시간에

휴게실에서 부하 직원과 커피를 마시고 있는 상황의 대화를 비교해 보면 이해가 갈 것이다. 극의 대사는 업무 협의를 위한 회의에서 이루어지는 대화처럼 분명한 목적성과 의도를 가지고 구성되어야 한다. 〈천일야화〉의 셋째 마당이 시작되면 학부모1과 학부모2가 만나 이야기를 나눈다.

> 학부모2 : 명아 어머님도 오셨어요?
>
> 학부모1 : 어, 재봉이 아버님도 호출이라예?
>
> 학부모2 : 진학부장님 말씀이 긴히 상담해야 할 일이 있다는데, 뭔 일인지.
>
> 학부모1 : 그 집 아들이 문과 1등이고, 우리 집 딸애가 이과 1등이니, 가
>
> 만있거라… 아마 학기 초라서 인사 오라는 말 아닐까예?
>
> 학부모2 : 인사예?
>
> 학부모1 : 진학 상담한다, 그러면서 뭐 이런저런……

관객들은 학부모1과 2에 대해 전혀 아는 바가 없지만, 두 사람의 대화를 들으면서 많은 사실을 알게 된다. 우선 학부모 두 명과 그들의 아이들에 대한 인적 정보가 파악된다. 학부모1의 아이는 고등학교 이과반에서 1등을 하고 있는 여학생 명아라는 것, 학부모2의 아들은 재봉이며 문과반에서 1등을 하는 남학생이라는 것이다. 그들은 진학부장의 호출을 받아서 학교에 왔지만, 진학상담을 위한 자리 마련이라 여기고 인사를 어떻게 할 것인가를 의논하고 있다. 여기에서 관객들은 학부모1

과 2의 아이들은 학교에서 전혀 말썽을 부리지 않는 모범생이라는 사실을 짐작할 수 있게 된다. 셋째 마당이 시작되고 극히 짧은 시간 내에 이러한 정보가 주어지기 때문에 관객들은 이후 전개되는 사건의 맥락을 파악하는 데 어려움이 없다.

2. 간결한 대사와 장황한 대사

극의 대사는 구어체가 기본이며, 필요한 내용을 간결하게 표현하여야 한다. 일상생활에서 나누고 있는 대화를 참고하면 대사의 간결한 표현에 대해 쉽게 이해할 수 있다. 같은 사무실에 근무하고 있으면서 늘 점심 식사를 같이 하는 회사원들이 있다고 가정해 보자. 점심시간이 다 되어 갈 때 누군가가 "뭘 먹지?"라고 말하면 그 방의 모든 사람들은 그 뜻을 명확히 이해한다. 그 말이 담고 있는 의미를 정확하게 표현한다면, "오늘 점심시간에 함께 나가서 어떤 종류의 식사를 하면 좋을까?"이다. 이처럼 장황한 문장이 깔끔하게 축약될 수 있는 것은 회사원들 사이에 충분히 공유되고 있는 정보가 생략되었기 때문이다. 극의 대사는 공연담당자가 관객에게 극 전개에 필요한 정보를 전달하는 기능을 가지고 있다. 그러므로 필요한 정보를 제대로 담고 있으면서도 장황하지 않은 대사를 구사하는 기술이 무엇보다 중요하다.

극에서는 간결한 대사가 기본이지만 의도적으로 장황한 대사를 사용하는 경우도 있다. 간결한 대사로 이어져 오던 공연에서 특정 극인물이 장황한 대사를 구사할 경우, 관객들은 극 진행이 잠시 멈춘 듯한 느낌을 가지게 된다. 장황한 대사는 극 인물이 관객의 주목을 받도록 하는 효과를 가지고 있다. 극작가는 주제와 관련된 특정 사안에 대해 자신의 주장을 펼치거나, 관객을 설득하려는 의도에서 극인물의 장황한 대사를 사용한다. 〈5월의 편지〉에서 이미애의 장황한 대사가 그 예가 될수 있다. 해고 및 비정규직 노동자를 위한 문화마당에 필요한촌극 연습을 위해 모였으나, 박선희가 이건수의 참가를 반대하여 공연이 무산될 지경에 이른다. 이미애는 박선희를 설득하기 위해 광주민중항쟁 당시 광주시민들에 대한 배신감과 6월 항쟁 당시 거리에서 느꼈던 연대에 대한 희망을 이야기한다.

〈5월의 편지〉 중에서 셋째 마당 전체와 넷째 마당의 '역사 다큐멘터리 그것도 모르시나요' 부분은 이미애의 이야기를 재현한 것이다. 이미애의 장황한 대사는 이미 무대에서 재현하여 전달된 내용을 다시 관객에게 전달하여 강조하고자 하는의도를 가지고 있다.

이미애 : (관객에게) 주제넘게도 못난 제 이야기를 오래 한 것을 용서해주시기 바랍니다. 박선희씨나 여러분의 생각은 충분히 이해합니다. 원칙을 지킨다는 건 정말 중요한 일입니다. 하지만, 그 원칙

때문에 소중한 사람을 잃어서는 안 된다는 것이 제 생각입니다. 우리는 우리의 삶을 억압하는 공동의 적과 맞서야 합니다. 그러기 위해서는, 우리 안에서 누구는 되고 누구는 안 되고 하면서 편을 갈라 싸움 할 것이 아니라, 화해와 포용의 정신으로, 상극이 아니라 상생의 정신으로 모두를 함께 묶어야 한다고 생각합니다. 자기의 잘못을 솔직히 인정하고, 새로운 출발을 하겠다는 다짐은 아무나 할 수 있는 게 아닙니다. 이건수씨는 왜 자기가 그런 잘못에 빠져든지를 알고 있습니다. 자기 잘 되면 그만이라는 어리석음에서 벗어나 함께 사는 세상의 참 의미를 이해하기 시작한 겁니다. 어렵게 일어서는 그의 손을 우리가 잡아주어야 하지 않겠습니까?

마치 강연자가 자신의 특강을 마무리하며 할 법한 정도의 장황한 대사는 분명히 비연극적이다. 〈5월의 편지〉는 관객의 실천을 중요하게 여기는 공연이고, 공연장 밖에서 이루어지는 줄 당기기에 관객들이 직접 참여하는 것이 절정이다. 관객의 참여가 강제적 동원이 아닌 자발성을 가지려면 극의 주제에 대한 관객의 심정적 동의가 필요한데, 강하게 자기주장을 전달할 수 있는 연설이라는 방식의 장황한 대사를 통해 그 점을 얻어내고 있다. 이미 셋째 마당과 넷째 마당을 통해 '화해와 포용', '상극이 아닌 상생'으로 연대를 이루어 가자는 주제를 이해한 관객들에게 이미애의 연설을 통해 한 번 더 그 의미를 강조한 것이다.

3. 대사의 종류

한 편의 극작품에서 사용되는 대사는 대화(dialogues), 독백(monologue), 방백(aside), 침묵(silent)으로 나눌 수 있다. 대화는 대사 중에서 압도적으로 많은 비중을 차지한다. 대화는 극인물들 사이에 주고받는 말인데, 극 전개에 필요한 정보를 제공하고 있으므로 일상의 대화에 비해 목적성이 강한 특징이 있다. 독백은 극인물이 관객을 상대로 혼자 하는 말이며, 무대에 다른 극인물이 있다 하여도 독백의 상황을 전혀 인지하지 못하는 것으로 설정된다. 관객에게 자신의 의사를 직접 전달하기 때문에 대사의 양이 많은 것이 특징이다. 주동인물의 독백은 극사건의 흐름을 바꾸는 중요한 정보를 제공하는 경우가 많다. 방백은 무대에서 대화를 나누고 있던 여러 명 가운데 한 명이 관객에게 정보를 전달하는 대사이다. 방백이 진행될 때, 대화에 참여하고 있는 극인물들은 발화자의 말을 듣지 못하는 상태로 규정되며, 그가 대화에서 벗어났다는 사실도 알지 못한다. 발화자가 대화의 자리에서 잠시 이탈하는 경우이므로, 방백의 대사는 짧은 편이다. 방백의 사용은 극적 긴장감을 조성하는 데 효과적이다. 발화자와 관객이 이미 알고 있는 정보를 다른 극인물들은 알지 못하는 상태이므로, 이후 그들 사이에 갈등이 심화될 것이라는 점을 관객은 짐작할 수 있기 때문이다.

대사 가운데 독특한 것이 침묵이다. 극인물이 말을 하지 않는 것, 말을 줄이는 것, 말을 늦게 시작하는 것 등을 모두 묶어서 침묵이라 부른다. 침묵은 극인물에게서 직접 발화되는 소리는 아니지만 극에서 필요한 의미를 생성하는 데 있어 활용도가 높다. 일상생활의 경험에 비추어 보면 이해가 빠르다. 내가 잘못을 저지른 상대에게 질책하고 있음에도 불구하고 묵묵부답으로 일관하고 있으면 더욱 화가 나기 마련이다. 상대의 침묵은 그가 나의 질책에 전혀 동의하지 않고 있으며, 오히려 무시하고 있다는 느낌을 전해주고 있기 때문이다. 작품에서는 주로 말없음표(……)로 표시되는데, 부호의 위치에 따라 생성되는 의미에 차이가 생겨난다.

윤사장 : 그런데 어떤가? 세상 뒤집어졌는가? 내 돈 한 푼이라도 손해 본
　　　　게 있는가 이 말씀이야.

최대복 : 그땐 분명히…… 큰일 난 것으로…….㉠

윤사장 : 그때 내가 뭐랬는가? 대한민국은 법치국가이니 법대로 하면
　　　　된다 하지 않았던가. 법이란 게 무엇인가. 자네, 한자로 법 법
　　　　자를 어떻게 쓰는지 알지? 갈 거(去) 변(邊)에 물 수(水)를 쓴 게
　　　　아닌가?

최대복 : 바뀌었습니다요. 물 수 변에 갈 거.

윤사장 : …….㉡

최대복 : ㉢…… 계속 말씀하시죠.

윤사장 : 가설라무네. 물 흐르는 대로 가는 게 법이란 말이야.

〈신태평천하〉에서 최대복은 윤사장의 고문 변호사이다. 명목은 그렇지만 윤사장의 무식함 때문에 그 집안의 심부름꾼처럼 취급 받고 있는 형편이다. 최대복은 윤사장의 고명딸과 결혼하여 한 재산 챙길 궁리를 하고 있어서, 변호사임에도 불구하고 수모를 감당하며 그 집에서 버티고 있는 것이다. 윤사장은 "세상을 돌아가게 하는 힘은 돈에서 나온다"라는 말을 입에 달고 있으며, 한국에서 돈으로 해결 안 되는 일이 없다고 큰소리친다. 그 예로 금융실명제가 실시되었을 때 최대복이 난리 쳤던 일을 다시 언급하면서 자랑을 하자, 최대복은 ㉠처럼 말을 약간 더듬는다. ㉠처럼 대사의 중간에 침묵이 들어 있는 경우는 화자가 지닌 혼란스러움을 의미한다. 그는 법률을 전공한 입장에서 금융실명제를 피할 방도가 없다고 여겨 법 테두리 내에서 대책 마련을 건의하였다. 그러나 윤사장은 금융실명제의 맹점을 이용해 교묘하게 피해 나가버렸으므로, 최대복은 변호사로서 자신의 자부심에 큰 상처를 입은 것이다.

신이 난 윤사장은 최대복을 좀 더 약 올리려는 의도에서 법(法)이라는 한자를 풀어 설명하려다 무지가 들통나고 만다. 재빨리 반격의 기회를 포착한 최대복은 자신의 지식을 과시하려 나섰다. 그러나 윤사장은 ㉡처럼 아무 말을 하지 않고 가만히 있는다. 두 사람이 대화를 나누다가 ㉡과 같이 한 명이 갑자기 침묵하는 경우는 상대를 심정적으로 거부한다는 의미이다. 윤사장은 최대복을 대화의 상대로 인정하지 않음으로써 상대를 억압하였고, 화를 내거나 직접 말을 하지 않고도 자신의 권위를 지켜낸 것이다. 최대복은 ⓒ처럼 망설이면서 "계속 말씀하시라"고 권한다. ⓒ처럼 대사의 앞, 혹은 뒤에 침묵이 들어 있는 경우는 화자가 대화 상황에 대해 판단을 내리는 상황이다. ⓒ의 침묵은 윤사장의 심기를 건드리는 실수를 저질렀다는 점을 최대복이 깨달았다는 사실을 드러내고 있다. 자신이 윤사장의 수하에 불과하다는 점도 인정하는 침묵이라 하겠다.

4. 사투리의 사용

마당극의 대사에는 사투리가 적극 사용된다. 우리는 각 지역마다 독특한 정감을 지닌 말씨가 있다. "경기도 말씨는 새초롬하고, 강원도 말씨는 순박하며, 경상도 말씨는 씩씩하다. 그리고 충청도 말씨는 정중하며, 전라도 말씨는 맛깔스럽다. 황해도 말씨는 재치 있고, 평안도 말씨는 강인하며, 함경도 말씨는 묵직하다는 인상을 준다"(『황성신문』, 1900.10.9)고 했다. 그러나 한국에서는 "교양 있는 사람들이 두루 쓰는 현대 서울말"을 표준어라 규정하고 있어서, 각 지역의 사투리는 비표준적인 언어에 속해 버렸다. 강력한 표준어 정책의 영향을 받아 무대언어에서도 사투리는 사라져 버렸고, 말씨를 통해 드러나는 각 지역의 고유한 정서도 사라져 버렸다.

차범석의 〈산불〉은 "해방 이후 리얼리즘 희곡의 최고봉"(유민영, 『한국 현대희곡사』, 458쪽)으로 꼽히는 작품이다. 그러한 평가가 무색하게도 〈산불〉의 현실감은 너무나 미약한데, 여러 원인 중에서도 핵심은 표준어 대사의 사용에 있다.

> 쌀례네 : 그런 법이 어디 있어? 마을 일은 온 마을 사람이 함께해야
> 지…….
> 정임 : (최씨의 편을 들며) 쌀례네는 언제부터 그렇게 의리에 밝았수?
> 최씨 : 대한민국 시대에 날뛰던 것들이 인민공화국이 되어도 행세할 수
> 는 없잖아요?
> 대장 : 그야 그렇지. 아니 그럼 동무들 가운데 아직도 그런 반동이 있단
> 말이오?

최씨와 정임, 쌀례네는 "소백산맥의 산줄기와 험준한 천왕봉"이 보이는 마을에 살고 있는 사람들이다. 지리산 인근 부락에 살고 있는 교육 받지 못한 마을 사람들임에도 불구하고 그들은 표준어를 사용하고 있다. 더구나 이 마을에 들어온 공비 대장도 표준어를 사용하고 있어서, 극인물들의 말씨에서는 지역적인 특성이 전혀 드러나지 않는다. 차범석은 이념과 무관한 삶을 사는 사람들이지만, 단지 지리산 인근 지역에 살고 있었다는 이유만으로 생사의 경계를 넘나들어야 했던 비극적 상황을 그리고자 했다. 그러나 사투리가 소거되어 버렸기 때문에 〈산불〉은 지역성이 약해지고 말았고, 한국전쟁의 소용돌이

속에 일어났던 지리산 일대의 비극성도 제대로 드러나 않게 되었다. (김재석, 「1980년대 대구지역 진보적 연극운동의 형성」, 231쪽)

마당극의 공연담당자들은 표준어가 우월하며, 사투리가 열등한 언어라는 도식을 거부하였다. 사투리의 사용은 마당극의 민중성을 강화하고, 현장의 사실성을 높이기 위해 필수적이라 여겼다. 사투리는 그 지역의 일상어이므로, 그 지역의 독특한 생활 감정을 표현하기에 용이하다. 〈아름다운 사람〉은 대구 사투리를 쓴다. 경상도는 한국에서도 보수성이 특별히 강한 지역으로 알려져 있고, 대구는 그 중심에 있다. 정혜선은 대구에서 나고 자랐기 때문에 남성 중심의 전근대적 풍토에 젖어 있어서 그러한 문제점을 깨닫지 못하고 있었다. 결혼 후 겪은 아픔을 통해 내적 성장을 하면서 부부 생활의 근본은 조화를 이루어 살아가는 것이라는 사실을 깨닫게 된다. 그러한 그녀와 대비되는 인물이 조태오이다.

> 조태오 : (정혜선과 인사한다) 정혜선씨라고요? 저는 조태옵니다. … 어허, '조'짜를 강하게 발음하지 마이소. 듣는 사람 망칙시럽심더. … 아지매, 좃태요가 아니고요 조오태요입니다. 사람이 좋다는 뜻이지요. 하하하. … 안 웃음심니꺼? 제 혼자 웃을라카이 민망시러운 데 같이 웃읍시더. 하하하. (정혜선의 반응이 좋지 않다) … 아지매, 농담한 거 가주고 화를 내면 우야는교……
>
> (…중략…)

정혜선 : (목소리를 빠르게 바꾸어가며 진행) "아지매, 오늘부팀 장구 장단을 배
와 보입시데이." "언지예." "언제는 언제라요. 지금이지. 잔말
말고 퍼떡 이리로 오이소." "하마예. 되겠심니꺼?" "어허, 하마
는 동물원에 가야 있지. 여기서 와 찾는교. 이리 빨리 오라카이
요."

　　투박하게 들리는 대구 사투리의 발성과 독특한 대구 사투
리의 뜻을 이용하여 조태오의 성격을 드러내는 장면이다. 조
태오는 자기 자신이 나름대로 깨어있는 사람이라 여기고 있지
만, 실제로는 가부장적인 전근대성에 갇혀 있다는 사실을 알
지 못하고 있다. 그는 처음 만난 여성에게 성적인 농담을 던지
고도 그것이 남성다움을 드러내는 표현이라 여기고 있다. 그
러한 조태오의 태도가 못마땅하여 정혜선이 화를 내자 그는
말장난으로 오히려 면박을 준다. 정혜선이 말한 사투리 '언지
예'는 '아니요'라는 뜻이고, '하마예'는 '벌써'라는 뜻인데 조태
오는 일부러 모른 척 시비를 걸고 있다. 조태오의 사투리는 은
연중에 자기중심적인 기질을 지닌 남자의 모습을 나타내는 데
적절히 사용되고 있는 것이다.

5. 핵문(核文)과 위성문(衛星文)의 관계

　　극인물들 사이에 주고받는 대사는 약속된 것이다. 극인물

들 사이의 대사는 한 치의 어긋남이 없이 발화되어야 하며, 대사의 강약과 완급의 조정이 제대로 이루어지지 못하면 공연은 실패할 수밖에 없다. 마당극에서 자주 활용하는 극인물과 관객이 주고받는 대사는 약속된 것이 아니므로, 보편적인 대사의 원리가 적용되기 어렵다. 극인물과 대화를 나누는 관객이 엉뚱한 이야기를 한다면, 극의 정상적인 진행이 어려울 수 있으며, 심한 경우 공연 중단 사태도 발생할 수 있다. 그러한 점을 고려하여, 마당극에서는 핵문과 위성문의 원리에 의하여 극인물과 관객배우의 대사를 설정한다.

극인물의 질문이 핵문이라면, 관객배우의 대응은 위성문이다. 관객배우가 아무렇게나 내뱉는 모든 대사가 위성문에 포함되는 것은 아니다. 위성문은 핵문의 유도에 의해 마땅히 나올 수밖에 없는 추임새여야 하며, 그 추임새로 인해 질문(핵문)을 던졌던 극인물의 다음 대사가 자연스럽게 나오도록 하여야 한다. 마치 지구의 당기는 힘과 인공위성의 회전에 의한 원심력이 평형을 이룰 때, 인공위성이 지구 주위를 계속 공전할 수 있는 것과 같은 이치라 하겠다. 극인물의 대사가 고정되어 있는 것이라면, 관객배우의 위성문은 고정성이 현저하게 약하다. 그러므로 관객배우가 아무렇게나 대응할 수 없도록 충분히 제어 가능한 범위 내에서 질문(핵문)을 던져야 하므로, 비움과 채움의 원리에 의거하여 준비하여야 한다. (김재석,『한국현대극의 이론』, 240쪽)

〈천일야화〉의 넷째 마당은 결혼식으로 시작된다. 신랑과 신부가 시어른에게 폐백을 드리러 들어온다. 시아버지 역은 극단의 배우가 맡지만, 시어머니는 관객배우이다. 신랑의 아버지는 자식을 많이 낳아야 한다는 생각을 가지고 있고, 항상 친척들이 번성한 것을 자랑으로 여기고 있는 인물이다. 이때 관객들은 극인물들의 친척으로 설정이 되는데, 관객 중의 한 명이 시어머니 역으로 무대에 나섬으로써 그 효과가 더욱 강해진다. 갑자기 무대에 나온 관객배우의 어리둥절함과 긴장감으로 인해 극 전개에 있어 전혀 예상하지 못한 상황이 벌어질 수도 있다. 이때 핵문과 위성문의 대사 방식이 효과를 발휘한다.

아버지 : (신랑에게) 빨리 모시고 오너라.

(관객이 무대에 나와 어머니 자리에 앉으면, 신랑 신부가 절을 올린다)

아버지 : 오냐, 오냐. 우리 새 애기가 절도 아주 예쁘게 하는구나. (어머니 역의 관객에게) 그렇지 않소? 좋은 말씀 한마디 하구려.

어머니(관객) : --- (무슨 말을 하더라도)

아버지 : 아이구, 좋은 말씀이다. 새 애기야 늘 가슴에 새겨두어라 알겠제!

신랑 신부가 시부모님께 절을 올리고 나면 덕담을 할 차례가 된다. 아버지는 관객배우에게 "좋은 말씀 한마디 하구려"라고 청하는데, 이 대사가 바로 핵문이다. 신랑 신부의 폐백 자리에서 '좋은 말씀'은 당연히 '잘 살아라', '행복해라' 등 몇 가지밖에 없다. 이것이 위성문이다. 관객배우가 순발력이 강하고 재치가 있어서 좀 더 재미있고 의미가 깊은 대사를 한다고 하더라도 '좋은 말씀'의 범주를 벗어날 수는 없다. 그러므로 시아버지가 다시 한 번 '좋은 말씀'이라 강조하면서 그 상황을 마무리할 수 있는 것이다.

핵문과 위성문의 대사는 관객에게 상황을 명확하게 이해시키면서, 관객의 답을 통해 새로운 삽화를 이끌어내는 기능을 가지고 있다. 〈아름다운 사람〉에서 정혜선은 자신이 선을 보았던 이야기를 펼쳐 놓은 다음 관객에게 대사를 건넨다.

> 정혜선 : 선봐서 결혼하기가 참 어렵데예. 선보는 자리라는 게 사람 자
> 존심을 팍팍 긁어 놓는 자리 아이겠심니꺼? (관객에게) 제 말 공
> 감하지예? (관객의 대답) 맞심더. 흔히 말하듯이 넘고 쳐져서 마음
> 먹기가 쉽지 않았심더.

혼기가 찼다는 말에 떠밀려서 의무적으로 선을 보았던 이야기를 한 뒤 관객에게 질문을 던진다. 정혜선이 이런저런 수모를 겪었던 사례를 말해주었으므로 맞선이 "자존심을 팍팍 긁어 놓는 자리"라는 그녀의 의견에 동의할 수밖에 없다. 누군가가 일부러 "저는 선보러 가는 것이 좋아요"라며 농담하기도 어려운 상황이다. 이것이 핵문과 위성문의 관계이다. 정혜

선의 질문에 동의하는 관객들은 계속 선을 보느니 차라리 적당한 곳을 골라 빨리 결혼하는 것이 더 낫다고 생각했던 그녀의 잘못을 이해하게 된다. 정혜선의 질문에 공감을 표하는 관객의 반응은 그녀가 홍광표와 만나게 된 사연을 이야기하도록 이끌어주는 역할도 한다. 핵문과 위성문의 원리로 구성된 대사를 통해, 그녀의 불행이 시작된 원인을 관객들이 충분히 이해하게 되면서 〈아름다운 사람〉의 현실감은 더욱 증대되는 것이다.

6. 비움과 채움의 원리

핵문과 위성문에 의한 대사 방식이 극의 주제와 관련하여 중요한 의미를 생성하도록 구조화될 경우에 '비움과 채움의 원리'가 작동한다. 대사에서 비움이란 관객의 대사가 들어가야 할 곳을 의도적으로 만들어 놓은 것이며, 채움이란 관객이 적극적으로 극 진행에 필요한 대사를 화답하여 의미를 완성시켜 주는 것이다. 공연담당자가 비워놓은 대사의 자리를 관객이 채워주지 못하는 경우 작품의 주제가 제대로 전달되지 못하게 된다. 비움과 채움의 원리가 제대로 작동되는 마당극 공연에서는 배우와 관객이 공연담당자로 합일되는 효과가 보다 손쉽게 일어난다. 관객에게 물건을 팔러 나온 〈천일야화〉의 반골의 대사가 비움과 채움의 원리를 바탕에 두고 있다.

반골 : (춤을 멈추고 관객석을 향해 서서) 아따, 오늘 뭔 일이 있어서 등골 빠진 인간들이 이래 마이 모여 있노. 이런 날은 장사하면 잘 되겠다. (관객에게) 등골님들 안녕합쇼~. (가방에서 가면을 꺼내어 보여주며) ㉠ 등골님들, 왕골족 얼굴 하나 사이소. 이거 하나 사서 얼굴에 깔면, 있던 염치도 싹 없어지는 신기한 거라예. 뭐 해묵다가 들켜도, 안면 싹 바꾸고, 다시 나올 수 있는 신기한 거라예. (비움과 채움의 공간) 그라면 (약봉지를 꺼내며) ㉡ 왕골들의 비방약 '오래가그라' 하나 살라니껴. 이 약 먹으마 쎄 지지예, 뭐든지 한번 물면 놓지를 안케 되니더. 쓸 만한 자리를 하나 물고는, 자기뿐만 아이라, 자식, 손자까지 줄줄이 물고 늘어지는 거 봤지예. 정말 오래 가니더. (비움과 채움의 공간) ㉢ 그럼 비장의 물건은 어떠니껴. 이거 왕골가문을 증명하는 귀한 문서니더. (가방에서 졸업장을 꺼낸다) 이거 마이 비싼건데, 하나만 있으마 대-한-민-국에서는 고생 끝, 행복 시작인기라. (비움과 채움의 공간) 어허, 못 믿는교. 얼마 전에 어떤 여자가 이거 하나 사갔는데, 희안하게도 신세가 좌-악 풀렸다 아인교. 이거요, 도깨비방망이보다 더 좋은 거라 카이요. (관객에게) 사소, 사. 어허, 이래 가주고 어얄라카노. 하기사, 오랜만에 염치 가진 사람들 보이 기분은 좋네. 좋아. 마, 춤이나 한 판 신명나게 추고 갈라니더. (한바탕 춤을 춘다)

둘째 마당을 지켜본 관객들은 학벌을 이용하여 사회적 이익을 챙기는 성골과 진골에게 부정적 인식을 가지게 된다. 이른바 우리 사회에서 최상위층인 왕골족이라 자칭한 그들은 거기에 끼어들고 싶지만 그렇게 되지 못한 등골들을 조롱하고 비웃었다. 그러므로 반골이 등장하여 관객들을 등골님으로 부를 때 그 호칭을 수용하는 마음보다 거부하는 마음이 더 클 것이다. 핵문과 위성문의 관계에 의하여 관객들은 반골의 대사에 화답할 때 부정적인 범주를 크게 벗어나지 않게 된다.

반골은 세 개의 물건을 등골로 설정된 관객에게 팔려고 한다. ㉠은 왕골족의 가면, ㉡은 정력 강장제, ㉢은 위조된 학위증이다. 세 개의 물건은 학벌 중심의 사회에서 살아가기 힘든 등골족을 왕골족으로 바꾸어주는 물건들인데, 뒤로 갈수록 부정적인 느낌이 더 강하다. 반골은 관객에게 왕골족의 가면을 쓰게 되면 염치가 없어지기 때문에 부정을 저지르더라도 양심의 가책을 느끼지 않는다고 설명한다. 반골이 왕골족의 가면을 사라고 권유하기 때문에 관객이 화답하지 않을 수 없다. 관객은 손사래 치거나 '아니요'라고 말을 하거나, 순발력이 강한 관객이라면 반골에게 호통을 치며 거절할 수도 있겠다. 어떠한 반응이라 하더라도 반골이 비워놓은 곳을 관객이 채워주고 있는 것이다.

반골에게 왕골족의 가면을 사지 않는 관객의 태도는 우리 사회의 잘못된 학벌 풍조를 비판하는 의미를 지닌다. 〈천일야화〉의 공연담당자와 관객이 비판의 의식을 공유하고 있는 것이다. 두 번째 판매하는 정력 강장제의 경우 관객들의 부정적 반응은 더 강할 것이다. 왕골족의 가면을 팔 때에는 장난스러운 관객이 일부러 사겠다고 나설 수도 있으나, 공개된 장소인 공연장에서 정력 강장제를 살 관객은 거의 없다. 반골이 비워 놓은 곳을 관객들이 부정적 대답으로 채워놓는 것이다. 이를 통해 언론에 자주 등장하는 사회지도층의 비윤리적 태도를 공연담당자와 관객이 함께 비판하는 효과를 낳는다.

〈천일야화〉 둘째 마당의 반골은 관객을 상대로 물건을 팔려고 하는데, 이때 반골과 관객은 비움과 채움의 관계에 의한 대화를 주고받는다.

세 번째 물건은 위조된 학위증이다. 가짜 학위를 통해서라도 학벌 사회에 진입하고 싶은 부적절한 욕망을 적나라하게 드러내는 물건이다. 둘째 마당의 주제를 압축하여 담고 있는 물건이라 말해도 좋을 것인데, 이미 그 사실을 지켜본 관객들이 위조된 학위증을 사겠다고 돈을 내밀 수는 없다. 반골이 비워 놓은 곳을 관객들은 비판으로 화답하여 채워주는 것이다.

이렇듯이 비움과 채움의 대사를 통하여 〈천일야화〉의 공연 담당자와 관객은 함께 학벌 사회에 대한 비판의 강도를 높여 간다.

비움과 채움의 원리에 의한 대사에 의해 극의 주제가 드러나는 사례는 〈아름다운 사람〉에서도 찾아볼 수 있다. 〈아름다운 사람〉의 셋째 마당은 극의 전환부에 해당하는데, 정혜선이 폭력의 부당성을 지적하고 개선을 요구하면서 스스로 삶의 변화를 만들어내는 중요한 부분이다. 정혜선을 도와준 동료 노동자들이 있었기 때문에 그녀는 고립된 삶에서 벗어나 더불어 사는 삶에 눈을 뜨게 된다.

정혜선 : 사람이 사람을 왜 때리는교. 말로 하지 왜 때리는교.

윤실장 : 당신이 김양의 엄마라도 돼? 괜히 나서지 말아요. 이카이, 여자
와 명태는 사흘두리로 패야된다 카는 기라.

정혜선 : ㉠ (주변 노동자(관객)들에게) 김양이 맞는 걸 왜 못 본척해요. 아무
리 나쁜 짓을 해도 사람이 사람을 팰 수는 없는 거 아이라예.
김양이 개돼집니꺼. 패가 말 듣게예. 왜, 아무 말도 못합니꺼.
(비움과 채움의 공간)

윤실장 : ㉡ (관객에게) 뭘 봐요? 일이나 해요! **(비움과 채움의 공간)** (분위기가 심상
찮음을 알고 슬쩍 나가려 한다)

정혜선 : (가로막는다) 못 갑니더. 김양한테 잘못했다 카고 가소.

윤실장 : 내 참, 이 아줌마가 제대로 알지도 못하면서 와 이래요. 잘잘못
을 따져볼란교.

정혜선 : 누가 잘못 했던 간에, 때린 건 잘못 핸기라. 때린 거 사과하기

전에는 못 나간다.

윤실장 : (밀고 나가려 한다)

정혜선 : (악착같이 버티고 선다)

윤실장 : (밀어 버린다)

정혜선 : ⓒ (버티면서, 주변 노동자(관객)들에게) 뭐 하닌교. 윤실장을 도망 못

가게 잡으소. 저 인간 버릇을 고쳐줍시더. 못 간다꼬 말 좀 해

보소. 와 보고도 안 말도 못 하는교. **(비움과 채움의 공간)**

　

윤실장에게 구타당하는 김양을 보는 순간 정혜선의 감정이 폭발해 버렸다. 여성 노동자에게서 남편의 폭력에 시달리면서도 제대로 대응하지 못했던 자신의 모습을 발견하였기 때문이다. 순간적인 흥분으로 나서긴 하였지만, 정혜선이 혼자 윤실장을 상대하는 것은 역부족이다. 그녀의 부족한 힘을 동료들이 나서서 메워주었고, 이를 통해 정혜선은 윤실장의 사과를 받아낼 수 있었다. 이처럼 중요한 역할을 하는 동료 노동자들이지만 극인물로 설정되어 있지 않고, 관객에게 맡겨져 있다. 비움과 채움의 대사에 의해 관객은 극에 개입하게 된다.

관객들은 셋째 마당에서 사장의 힘을 믿고 윤실장이 공장 노동자들에게 안하무인으로 행동하는 것을 보았다. 거기에 이어 바로 윤실장이 여성 노동자를 구타하는 상황이 벌어진 것이다. 관객들은 부정적 인상을 가지고 윤실장의 행동을 주시

하게 된다. 이때 정혜선이 관객의 화답을 위한 비움의 자리를 만든다. ㉠에서 정혜선은 관객을 향해 왜 모른 척하느냐며 호소한다. 윤실장을 옹호하는 입장이 아니라는 사실을 밝히기 위해서라도 관객은 정혜선의 질문에 화답하여야 한다. 정혜선을 지지하는 발언을 하지만, 그 소리가 커지기 전에 윤실장이 막고 나서므로 관객은 목소리를 크게 내지 못한다. 오히려 ㉡에서 윤실장이 참견하지 말라고 윽박지르기 때문에 위세에 눌려서 목소리를 줄이게 된다. 관객이 하고 싶은 말을 제대로 하지 못하는 반응이 바로 채움이다. 윤실장이 비워놓은 곳을 관객이 채워준 것이다.

윤실장은 ㉠의 채움을 통해 자신을 향한 노동자들의 인상이 좋지 않다는 사실을 알았으므로 그 장소를 빠져나가려고 한다. 여느 날과 다른 노동자들의 반응을 느끼고 당황한 것이다. 윤실장과 실랑이를 벌이다가 힘에 밀린 정혜선은 다시 한 번 ㉢을 통해 관객의 화답을 요구한다. 이번에는 "와 보고도 안 말도 못 하는교"라고 직접적으로 질문을 던지기 때문에 관객들은 좀 더 용이하게 화답할 수 있다. 관객들이 정혜선에게 화답을 하면서 극인물의 구도에서 힘의 역전이 일어난다. 정혜선에게 협조자가 된 동료 노동자들로 인하여 그녀의 힘이 강화되었기 때문이다. 혼자의 힘은 약하지만, 함께 힘을 모으면 강한 세력에도 맞설 수 있다는 깨달음이 정혜선에게 일어난 것이다. 〈아름다운 사람〉의 주제가 부각되는 바로 이 지점을 배우와 관객이 함께 만들어낸다는 점에서 비움과 채움의 원리가 효과적으로 쓰이고 있다 할 것이다.

7. 몸짓언어의 대사

몸짓언어는 목소리가 아닌 배우의 몸짓으로 의미를 전달하는 대사이다. 마당극 공연은 몸짓언어의 사용 비중이 사실적 표현의 무대극에 비해 높은 편이다. 고전 가면극에서 많이 사용되는 춤에 의한 표현이 대표적 몸짓언어이다. 극인물을 통해 발화되는 대사가 전혀 사용되지 않는 하회별신굿탈놀이의 중마당(파계승마당)이 대표적이다. '맵시 있다 부네걸음'으로 알려진 부네의 오금춤은 요염하기 이를 데 없다. 그러한 춤 동작은 부네가 외간남자와 쉽게 정분이 나는 행동이 방정치 못한 여성 인물이라는 사실을 관객에게 알려준다. 중의 춤은 '능청맞다 중의 걸음'으로 표현되어 있는데, 이미 올바른 수도자의 길에서 벗어나 있는 인물이라는 사실을 관객은 바로 알 수가 있다. 중과 부네가 만나고 정분이 나는 중마당의 극 내용은 당대 사회의 타락상을 드러내고 있다. 민중의 비판 정신으로 사회적 문제를 극화하고자 하였으나, 봉건시대의 사회 질서를 무시할 수는 없는 노릇이다. 이에 하회별신굿탈놀이의 공연담당자들은 구어 대사를 통해 직접 드러내는 방식을 피하여 몸짓언어로 간접화하는 방법을 택한 것이다. 구어 대사로 극을 전개할 경우 중과 부네 사이에 정분을 표현하기에 애로 사항이 많을 뿐 아니라, 자칫하면 음란을 이유로 공연이 불가능해지는 상황도 예상할 수 있다. 이 모든 어려움을 해결하기에 몸짓언어의 사용이 아주 적절했다. (김재석, 『한국현대극의 이론』, 237쪽)

〈천일야화〉의 둘째 마당은 우리 사회에 만연하고 있는 학벌 중심주의를 풍자로 다루었다. 자기희화에 의한 풍자기법을 사용하고 있으므로, 학벌 중심주의가 빚어내는 폐단을 제대로 체현하고 있는 주동인물의 설정이 대단히 중요하다. 차례로 일어나는 사건을 통해 주동인물의 성격을 조금씩 구체화 시킬 수도 있지만, 20분 정도인 둘째 마당의 공연 시간을 고려할 때 적절한 방법은 아니다. 〈천일야화〉에서는 몸짓언어를 이용하여 관객들이 주동인물의 성격을 빠르게 이해할 수 있도록 하였다.

(장단에 맞추어 성골과 부네가 춤을 추며 나온다. 부네는 교태가 가득한 춤을 추며 성골을 따르지만, 관객에게도 끊임없이 추파를 던진다. 성골이 자신의 위세를 과시하는 거드름춤을 추며 부네와 더불어 즐기고 있는데, 진골이 춤을 추며 나온다. 성골과 부네를 발견한 진골은 그들을 향해 춤추며 돌진한다. 상대방을 제압하기 위한 성골과 진골의 거드름 부림이 점점 커진다. 진골의 거드름춤이 성골보다 좀 더 강해지는 순간, 성골이 춤을 멈춘다)

왕골에 속하는 성골과 진골은 학벌로 우리 사회를 지배하는 세력을 상징한다. 성골은 위세를 과시하는 거드름춤으로 자신의 성격을 드러낸다. 거드름춤은 양주별산대놀이, 봉산탈춤에 나타나는 춤사위이며, 사방치기·용트림·활개꺾기 등의 춤 동작을 이어가며 여섯 박의 긴 염불장단에 맞추어 느리게 춘다. 〈천일야화〉에서는 거드름춤의 원형을 그대로 재현하는 것이 목적이 아니므로, 좀 더 과장되어 성골과 진골의 성격이 드러나도록 춤을 춘다.

이때 거드름춤은 보편적인 춤이 아니라 몸짓언어이다. 성골과 진골의 거드름춤은 특정 학교를 연고로 삼아 무리를 만들고, 서로의 이익을 지켜주는 것을 최우선시하는 폐쇄적 집단의 이기적 태도를 시각적으로 표현하고 있는 것이다. 진골은 거드름춤을 추면서 성골에게 시비를 거는데, 성골에 미치지 못하는 학력으로 인해 열등감을 가지고 있는 그의 성격을 나타내는 것이다. 관객은 대사로 설명을 듣는 것보다 거드름춤을 보고 느끼는 것이 성골의 성격을 파악하는 데 있어서 훨씬 효과적이다. 성골을 따라다니는 부네는 그의 위세를 뒷받침해주는 역할을 한다.

몸짓언어는 긴 시간 동안의 경과를 압축적으로 표현하는 데에도 사용된다. 주동인물이 겪는 사건의 경과를 대사로 표현하는 것에 비해 몸짓언어는 관객들이 직관적으로 현상을 이해할 수 있도록 하는 장점이 있다. 〈아름다운 사람〉의 정혜선은 풍물 모임에 들어가 장구를 배우면서 함께 사는 세상의 이치에 대해 자각하게 된다. 장구를 전혀 접해보지 못했던 그녀

가 초보에서 고급 수준에 이르려면 상당한 시간이 걸리는 것
은 당연한 이치이다. 〈아름다운 사람〉에서는 그 과정에 걸린
시간을 정혜선의 몸짓언어로 표현하였다.

〈아름다운 사람〉의 정혜선은 장구의 초보에서 고수에 이르는
변화 과정을 관객들의 〈둥당에 타령〉에 맞추어 몸짓언어로 표현해낸다.

(정혜선은 혼자서 입장단을 열심히 해본다. 장구를 가지고 연습한다)

정혜선 : 이렇게 아이고, 우리 다 같이 한 번 배와 보입시다. 이게 참 재

미있어예.

(관객에게 장구의 손장단을 가르친다. 정혜선이 장구를 치며 〈둥당에 타령〉을 같

이 불러 본다. 노래 끝에 멋진 장구 장단을 선보이면서 마무리)

풍물 모임에 처음 가입한 정혜선은 혼자 연습을 하다가 관
객에게 같이 해볼 것을 권유한다. 장구를 시작할 때 흔히 배우

게 되는 굿거리 손장단을 관객에게 가르치고 같이 해본다. 굿
거리는 극이 시작할 때 관객과 함께 배우고 불러보았던 〈둥당
에 타령〉의 장단이므로, 정혜선이 장구를 치면서 선창을 하면
관객들도 호응을 해주게 된다. 〈둥당에 타령〉을 부르는 동안
정혜선의 장구 가락은 점점 더 흥겨워지고, 노래를 마칠 즈음
이 되면 멋진 솜씨를 과시한다. 정혜선과 관객들이 손장단을
연습하고, 〈둥당에 타령〉을 같이 부르는 동안 "두어 달"의 시
간이 지나갔으며, 정혜선은 상당한 기량을 갖춘 풍물 모임의
주축으로 성장하였음을 나타낸 것이다.

6장 마당극의 내일

1. 한국적 연극으로서 마당극

최근 문화 관련 행사에서 "가장 한국적인 것이 가장 세계적인 것이다"라는 말을 심심치 않게 들을 수 있다. 한국적 특성이 살아 있어야 세계 시장을 지배할 수 있다는 식의 설명이 뒤따르는데, 대체로 '한류'라 불리는 문화 상품의 세계적 인기를 그 사례로 제시하고 있다. 과연 그러한가? 한국 문화에 대한 자긍심을 높이고자 하는 의도는 잘 알겠으나, '한국적인 것'에 대한 구체성이 결여되어 있어서 공허한 느낌의 수사로 느껴질 뿐이다. 연극으로 바꾸어 다시 말해 보면, '가장 한국적인 연극이 가장 세계적인 연극이다'가 된다. 가장 한국적인 연극이 무엇인가라는 질문에서부터 답이 궁해지므로, 세계적인 연극으로 나아갈 길은 애초 보이지 않는다.

1998년 프랑스 아비뇽 연극 축제(The Festival d'Avignon)의 한국 주간 행사 준비에 얽힌 뒷이야기가 그러한 사실을 잘 말해 주고 있다. 잡지 『한겨레21』(213호, 1998.6.25)에 따르면, "베르나

르 페브르 다르시에 집행위원장은 결국 서양 현대 연극을 그대로 따르고 있는 한국 연극을 들고 가서는 유럽의 앞서가는 관객들에게 새로운 충격을 주기는 어렵다"고 말했다고 한다. 그러므로 그는 "차라리 유럽인들에게 낯선 전통 공연물을 가져가 그곳의 독특한 조명, 무대 등 환경적인 장치로 세련되게 포장한 뒤 선보이는 것이 더 효과적"이라 주장했다. 서울에 와서 한국 측 관계자가 추천한 연극 공연들을 두루 보았으나, 다르시에 집행위원장은 아비뇽 연극 축제에 초청하고 싶은 '한국 연극'을 발견하지 못한 것이다. 결국 한국의 현대 연극은 빠지고, 고전극인 안숙선의 판소리 〈춘향가〉, 김덕수 사물놀이, 이매방의 〈승무〉 등이 초청되었다.

1998년 아비뇽 연극 축제의 포스터

그가 고전극에서는 '한국적 연극'의 면모를 발견하였으나, 동시대 서울의 연극에서는 그렇지 않았다는 점은 우리에게 많은 생각을 하게 만든다. 한국 현대 연극을 서양 연극의 아류로 보고 있는 그의 관점이 반드시 옳다고 말할 수는 없다. 그러나 근대전환기 이후 서양의 근대극을 모범으로 삼았던 근대극운동이나, 광복 이후 한국 연극의 전개 상황을 고려한다면 수긍할 수밖에 없는 측면이 크다. 그렇긴 하지만 과거 채석장이었던 공간을 개조한 블봉(carrière de Boulbon) 야외극장의 무대에 어울리도록 세련되게 포장된 판소리나 사물놀이가 한국적 연극이라는 주장도 이치에 맞지 않는다. 서울의 극장에서 공연된 서양식 연극이 생기가 없었던 것처럼, 다르시에의 관점에서 세련되게 포장된 판소리나 사물놀이도 블봉 야외극장의 무대에 놓인 박제나 마찬가지이기 때문이다.

한국적 연극은 특정한 연극을 지칭하는 것이라기보다 한국 연극의 이념적인 형태를 가리키는 용어로 이해하여야 한다. 동시대 한국인이 가장 필요로 하는 내용을 독창적 극양식에 담은 연극이 바로 한국적 연극이라 하겠다. 그러므로 한국적 연극이라는 이념의 실현은 연극인의 입장에 따라 다양하게 나타날 수 있고, 시대적 상황에 따라 또한 달라질 수 있다. 1920년대 한국 근대극운동의 주역인 김우진과 홍해성은 한국적 연극을 "순연(純然)한 우리의 극"(홍해성·김우진, 「우리신극운동의 첫길」)이라 불렀다. 그들은 "순연한 우리의 극"을 이루기 위해 외국극에서 많이 배워야 한다고 주장했고, 그들의 뜻을 추진하기 위해 한국 고전극의 전통과 단절하고 서양 연극의 이입에 나섰다. (김재석,『식민지조선 근대극의 형성』참조) 〈이영녀〉, 〈산돼지〉를 위시한 김우진의 창작 활동과 홍해성이 고골(Gorgol)의 〈검찰관〉(The Government Inspector)을 극예술연구회의 창립공연으로 결정한 것도 "순연한 우리의 극"을 이루려는 노력의 일환이었다.

김우진과 홍해성이 선택한 '단절과 이입'의 방법은 서양 연극을 모범으로 하고 있었으므로, 한국 고전극의 가치를 올바르게 평가하지 못하였다. 1920년대에 만들어진 서양 연극＝우수한 연극 : 한국의 고전극＝저급한 연극이라는 이분법적 도식성은 그 이후 한국 연극계를 지배하는 인식틀(frame)이 되었다. 이분법적 인식틀에 갇힌 연극인들은 한국 연극이 위기를 맞을 때마다 서양 연극의 수입을 통해 활로를 찾아보려 했으므로, 시간이 흐를수록 한국 연극계의 서양 종속성은 점점 더 심해져 갔다. 1950~60년대에 서양의 모더니즘 연극, 부조리극이나 서사극이 한국으로 유입되었다. 그러나 당대 공연담당자들이 새로운 서양 연극의 양식적 특성을 모방하는 데 급급하면서, 새로운 연극의 정신적 가치는 소홀히 했던 문제도 이분법적 인식틀에서 벗어나지 못하였기 때문이다.

1960년 4·19혁명의 충격은 한국 연극계를 지배하고 있던 이분법적 인식틀을 뒤흔들었다. 마당극 공연담당자들은 한국의 고전극과 서양의 연극이 연극계의 주도권을 두고 서로 부딪힐 수 있는 상극(相剋) 관계이지만, 서로의 장점을 활용하여 상호보완의 발전을 기할 수 있는 상생(相生)의 관계로 나아갈 수 있다는 인식을 가지고 있었다. 이러한 인식을 생극론(生剋論, Becoming-Overcoming theory)의 관점이라 부를 수 있을 것이다. (조동일, 「생극론:21세기 문명 창조의 지침」, 46쪽) 마당극에 수용된 한국의 고전극이나 서양 연극의 요소 중에 어느 것도 우월적 입장에서 상대를 억압하지 않는다. 한국의 고전극이 서양 연극의 장점을 흡수하여 현대극으로 변모한 것이 아니라, 각각의 장점이 생극론적 자세에서 융합하여 완전히 새로운 연극으로 탄생한 것이다.

마당극이 가장 한국적인 연극일 수 있는 가능성은 민중성에 있다. 한국의 고전극이 지닌 민중성은 근대전환기 이후 거의 소실되어 버렸다. 일제의 지원을 받아 순식간에 1910년대 한국 연극계를 지배한 신파극은 연극 공연이 상품이라는 인식을 연극계에 확연히 각인시켰다. 신파극 입장권을 사기 어려운 궁핍한 민중은 그들의 관심사에서 멀어져 버렸다. 신파극의 주 관객층은 식민지조선에서 경제적 여유가 있는 사람들이었고, 이들의 취향은 상업적 대중성이 강한 연극이었다. 이수일과 심순애로 대변되는 식민지조선 신파극의 극인물들은 민중성과 먼 거리에 있었다.

식민지조선 근대극운동은 신파극의 비민중성에 대해 비판

하였으나, 개선의 방향을 제대로 찾지 못해 민중의 소외는 여전하였다. 1930년대 극예술연구회로 대표되는 지식인 연극담당자들은 상업적 연극을 비판하고 경멸하였다. 그 여파로 상업적 연극의 대중 관객과 의도적으로 거리를 멀리 두고자 하였으므로, 극예술연구회는 지식인 관객을 우선시하게 되었다. 극예술연구회의 공연은 외국극이나 창작극을 가릴 것 없이 지식인 관객의 취향에 잘 어울렸다. 유치진의 〈토막〉이나 〈소〉에서 보듯이 식민지조선 민중의 궁핍한 현실이 무대에 등장하고 있긴 하지만, 민중적 인식이 결여된 지식인적 관점에서 포착한 식민지조선의 단면이 그려져 있을 뿐이다. 그 이후에도 민중의 삶이 소재가 되고 있지만, 관객층의 중심에 민중이 있지 않은 상황은 오래 지속되었다.

마당극 공연담당자들은 그러한 인식을 바꾸어 놓았다. 마당극 정신은 기본적으로 민중적 인식 위에 존재한다. 지식인 관객의 지적 취향을 만족시키는 연극이 한국 연극계에 이미 존재하고 있으므로, 민중의 취향을 만족시키는 연극도 필요하지 않겠느냐는 새로운 발상이 마당극 발전의 근본 동력이 되었다. 봉건시대 가면극처럼 공연담당자와 관객이 함께 만들고 즐길 수 있는 연극으로 민중적 신명을 불러일으키는 것이 마당극의 절대적 가치가 되었다. 전통의 현대화라는 미명하에 회고적 인식에 사로잡힌 극들과 전혀 다른 길을 마당극이 걸어가게 된 힘은 융합 정신에서 나왔다. 동시대 관객에게 의미 있는 작품을 공연하기 위해 서양의 진보적 연극의 장점을 마당극은 적극 수용하였다. 한국 연극의 역사가 만들어낸 고유한 기법들에 서양의 진보적 연극이 개척한 기법들이 녹아듦으로써 마당극은 강력한 동시대성을 확보할 수 있었다. 공동체 인식이 충만한 마당극 공연장의 풍경은 세계에 내어놓을 만한 한국적 연극이 마당극이라는 사실을 충분히 증명하고 있다.

2. 새로운 공연 환경의 개척자로서 마당극

마당극이 태동하던 1960년대에는 변혁 운동의 물결이 세계를 뒤덮고 있었다. 미국에서 일어난 베트남전 반대 시위와 프랑스의 68운동(protests of 1968)이 대표적이다. 구세대와 단절을 통해 인간 해방의 시대를 꿈꾸었던 신세대의 저항은 사회 곳곳에서 변화의 동인으로 작용하였다. 세계 연극계에도 그러한 흐름이 나타났다. 미국을 예로 들자면, 오픈 시어터(Open Theater), 샌프란시스코 마임 극단(San Francisco Mime Troupe), 리차드 셰크너(Richard Schechner)의 퍼포먼스 그룹(The Performance Group), 빵과 인형 극단(Bread and Puppet Theater) 등을 꼽을 수 있다.

이들 극단은 비슷하면서도 다른 경향의 작품을 선보였는데, 그때까지 익숙한 서양 근대극의 공연 방식을 거부한다는 점에서 일치하고 있다. 오픈 시어터의 〈비에트 록〉(Viet Rock)은 무대장치를 거의 사용하지 않았으며 배우들도 평상복을 입고 연기했다. 베트남에서 죽은 청년의 일생을 콜라주(collage) 기법으로 표현한 이 공연에서 배우들은 관객과 접촉하기 위하여 객석으로 들어가기도 했다. 퍼포먼스 그룹의 〈디오니소스 69〉(Dionysus in 69)는 기존 극장의 개념 자체를 부정했다. 폐업한 작은 주물 공장을 개조한 창고 극장(Performing Garage)에는 아예 무대와 객석이 구분되어 있지 않았고, 관객들은 바닥이나 나무로 만든 비계(scaffold)에 앉았다. 공연의 처음부터 관객들에게 박수와 노래로 참여를 유도하였으며, 배우들이 관객을 불러내어 극인물로 전환시키기도 했다.

일본 연극계에서도 비슷한 맥락의 움직임이 일어났다. 1960년대 초 미일안전보장조약에서 촉발된 이른바 안보투쟁이 점차 전국 대학으로 확산되면서 전공투(全共鬪)의 결성으로 이어진다. 학생운동은 정치권을 넘어 일본 사회 전반에 영향을 미쳤으며, 예술계도 예외는 아니었다. 1960년대 일본의 언더그라운드 연극, 즉 '앙그라'연극(アングラ演劇)은 그 당시 연극계를 지배하고 있는 일본식 근대극인 '신극'에 저항하였다. 그들은 서양 근대극의 전통에 매여 있는 신극 공연에서 벗어나기 위한 새로운 공연 방식의 연극을 시도했다. 카라 쥬로(唐十郎), 스즈키 타다시(鈴木忠志), 테라야마 슈지(寺山修司) 등의 실험적 작품들은 일본 연극에 상당한 변화를 불러일으켰다. 극단 신주쿠양산박(新宿梁山泊)의 재일교포 김수진도 그 영향권 내에 있는 연출가이다.

일본의 앙그라연극의 중요한 특징 중 하나는 실내극장과 야외극장의 경계를 의도적으로 허물어 버리려는 것이다. 1993년 서울의 한강 둔치에서 공연한 바 있는 극단 신주쿠양산박의 〈인어전설〉(김수진 연출)이 그러한 영향을 잘 보여주고 있다. 극단 신주쿠양산박은 텐트극장에서 공연을 많이 한다. 공연에 어울리는 조건을 갖춘 야외 공터에 텐트로 만든 극장을 설치하여 공연하는 것이다. 지정된 출입구를 통해 관객들이 들어오고 나가며, 실내에는 무대와 객석이 구분되어 있으므로 텐트극장은 건물에 위치한 여느 실내극장과 다를 바 없다. 가난한 형편에서도 치열하게 살았던 여섯 형제의 과거사가 텐트극장의 무대에서 아기자기하게 펼쳐진다. 상당한 시간이 흐를 때까지 공연은 보편적 무대극과 다를 바 없이 전개되므로, 관객들은 굳이 텐트극장에서 〈인어전설〉을 보아야 할 이유를 발견하지 못한다.

그런데 공연 후반부의 어느 시점에 텐트 외벽이 걷혀 올라가면서 배우들이 텐트극장 바깥으로 나가기 시작하는데, 이때부터 극공간은 제한된 무대를 벗어나 야외로 확장되어 버린다. 극단 신주쿠양산박은 형체 변경이 쉬운 텐트극장의 강점을 이용하여 실내극장과 야외극장의 경계를 무너뜨렸다. 이때부터 관객들은 실내 객석에 앉아서 극장 바깥인 야외에서 연기하는 배우들을 바라보게 된다. 배우들이 조각배를 타고 한

강의 저편으로 사라지는 극의 마지막에 이르면, 관객들은 신주쿠양산박의 텐트극장이 추구하는 바를 제대로 알게 된다.

1960년대 각국의 저항적 연극운동이 지닌 공통점의 하나는 새로운 공연 환경에 대한 관심이다. 무대와 객석이 제4의 벽으로 나누어져 있는 극장 공연에 대한 저항은 기성 연극계의 주류적 공연에 대한 부정이기도 했다. 구세대적 질서에 순응하지 않으려는 공연담당자의 정신이 기성 극장 문화에 대한 탈피로 나타난 것이다. 리차드 셰크너가 주창한 환경극(Environmental Theater)은 새로운 공연 환경에 대한 생각을 잘 정리해서 보여주었다. 그의 생각은 여섯 가지로 요약된다. (Richard Schechner, *Environmental Theater*)

1. 연극 공연은 연관된 상호작용의 구조물이다.
2. 모든 공간은 공연을 위해 사용된다. 마찬가지로 모든 공간은 관객을 위해 사용된다.
3. 연극 공연은 완전히 변형된 공간, 혹은 발견된 공간에서 실행될 수 있다.
4. 초점은 유연하고 가변적이다.
5. 공연 작품의 모든 요소는 자신의 언어로 말한다.
6. 대본은 공연 작품의 시작, 혹은 마지막일 필요는 없다. 대본이 전혀 없을 수도 있다.

셰크너의 의도는 분명하다. 고정된 무대와 객석이 있는 실내극장에서, 어두운 객석에 앉은 관객들이 밝은 조명이 켜진 무대 위에서 대본에 따라 연기하는 배우를 바라보는 공연 환경의 고정성을 바꾸어 놓고자 한 것이다. 동서양을 막론하고, 연극이 처음 시작되었을 때에는 배우와 관객이 구분되지 않는 제의적 축제였다. 그 이후 극장이 생기고, 기획자에 의한 운영의 개념이 도입되면서 배우와 관객의 분리는 확고하여졌고, 관객은 공연을 구매하는 소비자로 인식되어 갔다. 셰크너는 공연담당자와 관객이 함께 하는 새로운 공연 환경을 만들어 보고자 한 것이고, 〈디오니소스 69〉를 비롯한 여러 작품에서 실천한 것이다.

1960년대 전 세계에서 활발하게 일어났던 실험적 연극들, 셰크너 식으로 말하자면 환경극은 지금도 이어지고 있으며, 각 나라별로 다양한 극양식을 만들어 냈다. 비판·융합·공유의 마당극 정신이 이루어낸 성과도 그러한 세계적 흐름과 같은 맥락에서 평가할 수 있을 것이다. 마당극으로 인하여 외국 극작품이나 이론에 종속되어 있던 한국 연극계에 변화의 바람이 불기 시작했다. 한때 바람이 크게 일었던 "토착적인 소재나 분위기를 서구 전위극의 기법으로 처리한 일종의 기술 제휴적 '보세가공' 연극"(정지창, 「모더니즘 연극의 수용과 극복」, 67쪽)에서 벗어나, 한국 연극의 전통 안에서 새로운 연극 환경을 찾아가려는 노력이 활발해졌다. 마당극은 민중 관객을 향한 다양한 실험으로 한국 연극계에 긍정적인 영향을 미쳤다.

마당극은 원형무대를 기본적으로 사용하지만,
공연 상황의 변화에 따라 유연하게 대처할 수 있는 특징을 가지고 있다.

마당극이 극장을 벗어나 대학 내의 공터나 종교 단체의 강당, 노동 현장의 일터에서 공연을 하게 된 것은 관객이 거기 있었기 때문이었다. 1960~70년대 한국 연극계의 주류는 극장에서 관객을 만나고 있었지만, 그곳에는 민중이 끼어들 틈이 없었다. 마당극은 민중이 있는 곳을 찾아 공연하기 시작했다. 고정식 무대가 있는 극장이 아닌 변수가 많은 공연 환경에 적응해야 했기 때문에 마당극 공연담당자들은 조건의 변화에 효과적으로 대비할 수 있는 공연기법의 개발에 많은 노력을 기울였다. 대사 전달이 어려운 야외 공연에 대비하여 몸짓언어의 사용을 늘리기도 하고, 조명시설이 갖추어져 있지 않은 강당이나 현장 일터에서 공연하기 위해 시공간의 변화를 간략하게 처리하는 기법을 만들어냈다. 이러한 과정을 거치면서, 마당극은 원형무대 공연을 기본으로 삼고 있으면서도 공연 환경의 필요성에 맞추어 공연 무대를 바꿀 수 있는 강력한 가변성을 지니게 되었다. 마당극에 대한 흔한 오해 중의 하나가 '마당'을 공연 장소로 이해하는 것이다. 마당, 즉 야외무대에서 공연되는 극이라는 식으로 이해하는 것은 마당극의 일면적 특징만 바라본 경우이다. 마당극의 '마당'은 안과 밖을 구분하기 위해 경계를 만들지 않은 개방성을 의미한다. 마당극의 개방성은 새로운 공연 환경에 적응하거나, 필요한 공연 환경을 만들어내는 데 있어서 아주 유용하다. 탈극장의 환경극이 지향할 길을 선도하는 극으로서 마당극의 가치는 세계 연극계에서 충분히 인정받게 될 것이다.

3. 디지털 시대 연극으로서 마당극

예술가와 수용자의 관계는 일방향이다. 연극뿐만 아니라, 문학이든 음악이든 예술의 수용자는 창작자가 제시한 결과물을 대하는 것이 원칙이기 때문이다. 그러나 디지털 시대에 접어들면서 그러한 원칙이 무너지고 있다. 디지털 매체를 이용한 쌍방향 예술(interactive art)은 수용자의 능동성을 높여 창작자의 영역 속으로 끌어들이고 있다. 전시회 관람객의 행동에 반응하여 변화를 일으키는 미술작품이 있는가 하면, 독자가 작품 내의 연결 고리를 선택하여 옮겨 다님으로써 자신만의 이야기를 만들어 가는 하이퍼텍스트 문학(hypertext literature)도 있다. 디지털 매체와 결합된 雙方向 예술의 세력은 시간이 흐를수록 커질 것이며, 그에 비례하여 예술가의 독점적 지위는 조금씩 축소되어 갈 것이다.

디지털 시대의 연극은 雙方向이어야 한다. 여타 예술과 달리 雙方向의 연극은 자신의 본래 모습으로 되돌아간다는 의미를 가진다. 공연담당자와 관객이 함께 어울리며 놀았던 한국의 고전 가면극은 雙方向 연극의 조건을 갖추고 있다. 그러나 무대와 객석을 가로막은 제4의 벽을 지닌 근대극이 등장하면서 일방향의 연극이 극장을 지배하게 되었다. 더구나 근대극 운동은 관객에 대한 계몽성을 중요한 덕목으로 여겼으므로 공연담당자로부터 관객으로 향하는 일방향성이 더욱 강화되었다. 1921년에 근대극 공연의 시작을 알린 극예술협회 순회공연단의 역할에 대해 『동아일보』는 사회 교육으로 규정하면서, 일반 민중의 지식과 덕의성(德義性)을 함양하는 것이 목적이라고 밝혔다. (김재석, 『식민지조선 근대극의 형성』, 190쪽) 근대극 공연담당자들은 관객을 계몽의 대상자로 설정하고, 그들의 인식을 일방향으로 전달하였다.

관객에게 인생의 중요한 깨달음을 전하는 자리가 연극 공연이라는 인식이 정착되면서, 공연담당자가 자연스럽게 관객의 우위에 서게 되었다. 공연의 입장권을 사는 것은 관객의 주도적 선택이지만, 극장에서는 수동적인 위치에 놓이는 경우가 일반화되었다. 더구나 극장에 온 관객들은 진지한 자세를 취하여야 했다. 김우진은 1920년대 신파극이나 종합적 연행물의 관객들을 "안일을 탐하고 타락의 몽(夢)에 취한 소위 향락주의자"라고 비판하였다. 1920년대에 한국 연극계의 신진 세력으로 등장한 일본 유학생 출신 연극인들은 계몽을 적극적으로 수용할 수 있는 자세를 관객에게 요구하였다. 김우진은 "신극운동의 깃발 아래에서 같이 일하고 같이 자극하고 같이 힘 얻을 선구자가 되기를 바라는"(김우진, 「소위 근대극에 대하야」, 71쪽) 관객을 원했다. 근대극 공연장의 관객은 극사건을 조용히 지켜보면서, 작품이 가진 계몽적 가치를 찾으려 노력하는 자세를 보여주어야 했다. 공연담당자가 준비한 작품을 관객이 수용하는 일방향적인 공연이 식민지조선 연극의 대세를 이루었다.

광복 이후에도 일방향적 공연장의 풍경은 변하지 않았다. 일방향적 연극에 길들여진 관객들은 공연 중에 최대한 정숙을 유지하여 극 진행을 방해하지 않으려 했고, 극사건에 대한 반응을 바로 드러내는 것은 무식한 행동으로 간주되었다. 1970년대에도 연극 공연의 주도권은 공연담당자들에게 있었고, 관객은 불만조차 쉽게 드러내기 어려운 엄숙함이 극장을 지배했다. 그렇기 때문에 "원작 자체의 이해는 차치하고," 만일 작가인 "진 클로드 반 이탤리(Jean-Claude van Itallie)가 에저또가 공연한 〈뱀〉(The Serpent)을 보았다면 그는 결코 그건 자기 작품이 아닐 뿐만 아니라, 자기도 무슨 이야기인지 모른다고 했을"

정도의 문제적 공연에서도 관객은 조용했다. (한상철, 「연극의 대중화와 상업극」, 142쪽) 쌍방향 소통을 기본으로 하는 디지털 시대에 접어든 오늘의 한국 극장 풍경도 별반 다르지 않다. 관객은 관객일 뿐이며, 공연담당자와 관객의 쌍방향 소통을 극 원리로 삼고 있는 실험은 극히 희소하다. 디지털 시대에 어울리는 쌍방향의 연극에 대한 실험이 필요하지만, 아직 한국 연극계는 그러한 변화에 능동적으로 대응하지 못하고 있다.

일방향적 연극에 익숙한 우리 관객에게 상당히 낯설게 보일 공연이 있다. 2011년 시작하여 2020년에도 뉴욕에서 계속 공연하고 있는 〈슬립 노 모아〉(Sleep No More)이다. 고정된 객석이 없으므로 관객들은 배우를 따라다니며 극사건을 보아야 하며, 무엇을 보든지 관객의 선택에 맡겨져 있기 때문이다. 극장은 5층 건물인데, 전체가 맥키트릭 호텔(Mackittrick Hotel)로 설정되어 있다. 관객은 입장을 한 후에 극 중 호텔의 재즈바 만더레이(Manderley)에서 대기 하여야 한다. 만더레이는 관객을 상대로 실제 영업을 하는데, 관객들은 칵테일을 사 마시면서 재즈 가수의 공연을 즐길 수 있다. 일정한 시간마다 호텔 직원이 관객들을 승강기에 나누어 태우고 올라간다. 관객은 3층에서 5층 사이의 어느 곳이든지 내릴 수 있으며, 그 이후 각 층을 자유롭게 이동하며 공연을 즐기면 된다. 마지막에는 극장의 2층에 설치된 호텔 로비를 거쳐 1층의 호텔 연회장에 내려오게 되는데, 극은 호텔 연회장에서 마무리가 된다.

〈슬립 노 모아〉는 인간의 욕망과 타락, 그리고 파멸에 대한 이야기이다. 작품의 기본 내용은 셰익스피어의 〈맥베스〉(Macbeth)에서 가져왔고, 느와르 영화(noir films)에서 얻은 영감을 활용하여 창작하였다. 이 작품의 내용을 요약하기가 쉽지 않은데, 관객이 보는 극사건이 각각 다르기 때문이다. 3층에 내린 관객은 맥키트릭 호텔, 4층의 관객은 갤로우 그린의 거리(The High Street of Gallow Green), 5층의 관객은 제임스 왕(The King James)의 요양소에서 벌어지는 극사건을 먼저 보게 된다. 공연 시간이 세 시간이므로, 각 층에서는 동일한 극사건을 한 시간 정도의 주기로 반복하고 있다. 관객들은 한 층에서 공연을 충분히 보았다는 생각이 들 때, 층간 이동을 하여 새로운 극사건을 볼 수 있다. 그러므로 3-4-5-2-1층으로 이동한 관객과 4-3-5-2-1층으로 이동한 관객이 본 극은 내용이야 같겠지만, 삽화의 순서는 다르다. 워낙 많은 조합이 이루어질 수 있으므로, 〈슬립 노 모아〉를 한 번 관람하고 나서 극 내용이 이렇다고 말하기가 어렵다.

한국에서도 〈슬립 노 모아〉에 대한 관심이 높아지고 있고, 이러한 공연 방식의 작품들을 묶어 몰입 연극(immersive theatre)으로 소개하고 있다. 엄숙한 분위기에서 연극을 관람하는 극장 풍경에 익숙한 한국 관객들은 신기한 볼거리로 여기겠지만, 디지털 시대의 새로운 연극인 것처럼 과대평가되는 것은 경계하여야 한다. 〈슬립 노 모아〉는 엄청난 물량을 투입할 수 있는 기획사만 제작 가능한 거대 규모의 작품이지만, 공연 원리의 측면에서는 병렬적 변형의 극짜임을 가진 마당극과 다를 바 없다. 극의 도입과 마지막 마당을 고정해 두고 나머지 마당들은 필요에 따라 순서를 바꾸거나 생략하는 것이 가능한 병렬적 극짜임의 마당극 〈천일야화〉나, 호텔 재즈 바에서 출발하여 각자 원하는 층에서 구경을 하다가 연회장으로 모이게 되는 〈슬립 노 모아〉는 극짜임의 원리가 동일하다.

〈슬립 노 모아〉는 극사건의 순서를 관객이 직접 선택할 수 있으므로, 마당극 〈천일야화〉에 비해 관객 주체적인 연극이라 주장할 수 있을 것이다. 관객이 〈천일야화〉의 마당 순서를 조정할 수 없으므로 그러한 설명에 일리는 있다. 그러나 〈슬립 노 모아〉의 관객은 극사건의 순서를 선택할 수 있지만, 극에 개입하는 것은 전혀 불가능하다는 점을 알아야 한다. 〈천일야화〉는 여러 가지 공연기법으로 관객을 공연담당자의 일원으로 끌어들이는 쌍방향의 연극이지만, 〈슬립 노 모아〉는 그렇지 않다. 연출가 펠릭스 바렛(Fellix Barrett)이 밝혔듯이 이 연극은 쌍방향 연극이 아니다. (pamphlet of Sleep No More, p.24) 〈슬립 노 모아〉의 관객들은 극인물을 보는 위치를 자신의 마음대로 고를 수 있긴 하지만, 동일한 모양의 가면을 반드시 쓰고 다녀야 하며, 극인물에게 말을 하거나 연기를 방해하여서는 안 된다. 관객은 모두 가면을 쓰고 있으므로, 그들이 머물고 있는 곳은 어디든지 객석이라는 점이 공지되는 셈이다. 객석과 극인물들의 거리는 대단히 좁혀졌지만, 그들 사이는 제 4의 벽으로 여전히 가로막혀 있는 것이다. 그런 점에서 〈슬립 노 모아〉는 서양 근대극의 공연 원리를 지키면서 디지털 시대에 어울리는 새로운 극장 형태를 모색한 작품으로 의미가 높다 하겠다.

〈슬립 노 모아〉의 관객들은 가면을 쓰고 다녀야 하고, 극인물의 연기를 방해해서는 안 된다. 무대를 따라 관객석이 움직이는 느낌이 강한 연극이다.

마당극은 디지털 시대 예술의 특징인 쌍방향성을 잘 구현하고 있는 연극이다. 마당극의 공연담당자는 관객에게 극의 주제를 일방향적으로 전달하려 하지 않는다. 변형의 극짜임은 관객이 극사건에 직접 참여하여 변화를 만들어 낼 수 있게 하는 융통성을 지니고 있으며, 관객배우의 활용은 관객이 자연스럽게 공연담당자의 일원이 될 수 있도록 유도한다. 공유의 마당극 정신은 관객의 적극적 참여가 극의 완성 수준을 한 단계 더 높일 수 있다는 입장에서 관객의 능동성을 최대한 끌어올리고자 한다. 제4의 벽에 가로막혀 있는 침묵의 극장이 아니라, 마당극 공연이 만들어내는 왁자지껄한 극장 풍경은 연극이 민중의 생활 속으로 다시 들어가 자리하였음을 말해주고 있다 하겠다.

마당극이 지닌 雙方向 연극적 특징이 디지털 시대에 맞추어 급조된 것이 아니라는 점이 중요하다. 한국 고전극의 공연 원리를 디지털 시대의 雙方向 연극에 어울리는 마당극의 공연 기법으로 정착시켜 나갔다는 점에서 의의를 찾아야 한다. 복제가 불가능한 공연의 특성 때문에, 연극은 디지털 시대에 어울리지 않아 도태될 수밖에 없는 비련의 예술이라 말하기도 한다. 그러나 雙方向 연극의 특성을 가진 마당극에서는 전혀 그렇지 않다는 사실을 분명히 알 수 있다. 마당극은 디지털 시대를 지배하는 차가운 컴퓨터 예술들 사이에서도 인간의 따뜻함을 지닌 예술로 더욱 빛을 발휘하게 될 것이다.

1960년대에 새로운 연극으로 떠오른 마당극은 지금도 우리 주위에서 왕성하게 공연을 펼치고 있다. 마당극은 세계에 당당하게 내어놓을 수 있는 한국적 연극이며, 관객이 있는 곳이라면 어디든지 공연 가능하도록 공연 환경의 변화를 선도하고 있는 연극이며, 관객이 극의 소비자에 머물지 않고 공연담당자의 일원이 될 수 있도록 하는 쌍방향의 연극이다. 1960~80년대를 거쳐 오면서 사회 변혁 운동의 부분으로 그 역할을 충실히 해왔을 뿐만 아니라, 연극이 디지털 시대에도 여전히 경쟁력을 가지고 있는 예술이라는 사실을 증명해 나갈 미래 지향적 연극이다. 한국 연극의 발전적 미래를 개척하는 데 마당극이 큰 역할을 담당해 나갈 것이다.

앞으로 이루어질 마당극은 두 가지의 큰 흐름으로 대별된다. 하나는 집단의 신명을 분출시키는 마당극이고, 다른 하나는 관객의 능동성을 높이는 마당극이다. 첫 번째의 경향은 야외에서 이루어지는 대형 마당극 공연인데, 치유적 기능과 놀이적 기능이 함께 어우러진 굿의 특징을 현대적으로 재해석하는 방향이다. 대사는 줄이고 춤과 노래, 각종 기예를 적극 활용한 마당극으로 넓은 공연장에서 공연담당자와 관객이 함께 어울리면서 신명을 불러일으키는 한 판의 놀이가 될 것이다. 두 번째 경향은 소극장을 중심으로 하여 학교, 노조 등의 사회적 행사와 결합하여 이루어지는 마당극 공연이다. 민중적 관객의 생활에 밀착된 내용으로 주체적 삶에 대해 다루고, 정교한 공연기법으로 관객의 능동성을 제고시켜 자연스럽게 극에 참여하도록 이끌어 나갈 것이다. 마당극은 완성된 극이 아니라, 현재도 꾸준히 변화해나가고 있는 극이다. 마당극 정신과 동시대 민중의 삶이 만나는 그 지점에 마당극이 있을 것이며, 그곳에서 가장 효과적인 작품을 만들기 위한 공연기법을 끊임

없이 개발해 나갈 것이다. 공연담당자와 관객이 함께 어울려 인간 해방의 신명을 분출하는 마당극 공연장이 도처에 가득하기를 기대한다.

참고문헌

김우진, 「소위 근대극에 대하야」, 『학지광』 12호, 1921.6.

김재석, 『일제강점기 사회극 연구』, 태학사, 1995.

김재석, 「마당극 정신의 특질」, 『한국극예술연구』 16, 한국극예술학회, 2002.

김재석, 「〈향토의식초혼굿〉의 공연 특질과 연극사적 의미」, 『한국극예술연구』 18, 한국극예술학회, 2003.

김재석, 「마당극의 공유 정신에 대한 비교 연구-≪진동아굿≫과 ≪크리스토퍼 컬럼버스 : 새로운 세계 질서≫를 대상으로」, 『한국연극학』 32, 한국연극학회, 2007.

김재석, 「〈함평고구마〉연구」, 『한국연극학』 34, 한국연극학회, 2008.

김재석, 『근대전환기 한국의 극』, 연극과인간, 2010.

김재석, 「1980년대 대구지역 진보적 연극운동의 형성」, 『어문론총』 65, 한국문학언어학회, 2015.

김재석, 『식민지조선 근대극의 형성』, 연극과인간, 2017.

유민영, 『한국 현대 희곡사』, 홍성사, 1982.

이남희, 이경희·유리 옮김, 『민중 만들기-한국의 민주화운동과 재현의 정치학』, 후마니타스, 2015.

이동백, 한성준 대담, 「歌舞의 諸問題」, 『春秋』, 朝鮮春秋社, 1941.3.

임진택, 「새로운 연극을 위하여」, 『창작과 비평』, 통권58호, 1980.

정지창, 「모더니즘 연극의 수용과 극복」, 『서사극·마당극·민족극』, 창작과비평사, 1989.

조동일, 「생극론 : 21세기 문명 창조의 지침」, 『계간 사상』 48, 사회과학원, 2001. 봄.

조동일, 『탈춤의 원리 신명풀이』, 지식산업사, 2006.

차범석, 『대리인』, 선명문화사, 1969.

한상철, 「연극의 대중화와 상업극」, 『한국연극과 젊은 의식』, 민음사, 1979.
홍해성·김우진, 「우리신극운동의 첫 길」, 『조선일보』, 1926.7.25~8.2.

루카치, 게오르그, 이영욱 옮김, 『역사소설론』, 거름, 1987.
Schechner, Richard, *Environmental Theater*, New York : Hawthorn books,
1973.